城市外交

从城邦到全球城市

[意] 拉斐尔·马切蒂　著
(Raffaele Marchetti)
严展宇　译

City Diplomacy

From City-States to Global Cities

中国人民大学出版社
·北京·

致　谢

我希望向路易斯大学政治科学学系和政府学院的学生表示衷心的感谢。他们包括 Hadeer Ibrahim Abdelmagid、Mattia Bonizzato、Giacomo Bozio Madè、Federica Castellana、Filippo Cutrera、Clara Houin 和 Maria Vittoria Fiori。他们在我的指导下完成了有关城市外交不同领域的学位论文，本书使用的部分材料就来自这些论文。他们在课堂上的讨论和研究，帮助我完善了本书的写作。此外，我还要感谢 Samson Fagbohunlu 对本书的校对工作。

目　录

引言　//1

第一部分　全球事务中的城市　//13

第一章　全球政治中的非国家行为体　//21

全球治理与国际关系的多元化　//21

跨国机制与政治战略：关系网络与社会运动　//28

国家和非国家行为体的关系　//37

第二章　城市的世界　//51

人口与经济趋势　//51

从世界城市到都市群岛　//58

第二部分　外交活动中的城市　//73

第三章　城市外交的结构性因素　//82

城市外交：定义与趋势　//82

全球治理中的城市 //86
城市外交的法律维度：国内趋势 //88
城市外交的法律维度：国际趋势 //93
行为体、目标和动力 //97
由内向外的变量 //99
由外向内的变量 //102

第四章 城市外交的行动领域 //105
政治：全球治理、城市结对、网络和大型活动 //105
经济：推拉活动、地区营销和城市品牌化 //119
文化与环境 //126
和平与安全：在冲突之前、期间和之后 //130
人权、移民与发展 //136

第三部分 面向未来 //143

关于21世纪城市的结束语 //145

参考文献 //148

引　言

城市是行动发生的地方。我们需要改变我们的心象地图（mental map），因为现实正在快速变化，而我们对国际事务的理解却停留在了以国家为中心的时代。随着1648年《威斯特伐利亚和约》签订，城市被排除在了心象地图之外。而在此前的许多世纪之中，城市一直被认为是行动的场所。今天，城市正在回归，但是我们常常意识不到这一点，这是因为我们仍旧延续了威斯特伐利亚式的思考模式。我们现在的心象地图大约由200块拼图拼接而成，这一数量相当于联合国的会员国数量。但是，如果要充分认识我们所生活的世界，这些拼图就远远不够了。我们至少还需要另外4 000块拼图，而这是世界上人口超过10万的城市的大致数量。

今天，最重要的活动都发生在城市之中，但是我们却只把国家看作世界舞台上的行为体。经济增长和各种财政改革实验都在城市背景下展开：城市是世界经济的中心，占到全球GDP的85%。城市是人类居住的主要地方，政治改革、社会创新、抗议和革命也经常首先发生在城市之中。犯罪活动、恐怖主义、叛乱镇压、导弹袭击和战争大都在城市中酝酿，大流行病也易在大型城市的聚集群中传播。城市是全球污染的主要来源（80%的碳排放来自城市），同时也是环境转型的主要来源，例如其发展了城市园林。知识生产、大数据收集和科技创新也都得益于城市之间的紧密互动。城市是不同文化、宗教和身份的交汇点。城市是文明的支点和未来的摇篮。

2007年，世界城市人口数量在历史上第一次超过了农村人口数量。全球生活在城市的人口比例从3%（1800年）到14%（1900年），从30%（1950年）到40%（2000年），直至2022年达到55%，预计到2050年将达到70%。未来可能出现一些人类历史上从未经历过的大规模城市联合体。例如，在2015年，刚果民主共和国的首都金沙萨有1 200万人口，但预计到2100年将达到8 300万；尼日利亚的第一大城市拉各斯，预计到2100年将达到8 000万至1亿的巨大人口数量。墨西哥城的警察部队人数已经多达10万名，这个规模比世界上115个国家的执法机构还要庞大。在过去的50年里，全世界民族国家的数量翻了一番，达到了193个*，但人口超过10万的城市数量和规模在同一时期增加了10倍，超过了4 000个。截至2019年，世界上有33个超大城市，而这一数字还将继续上升（United Nations，2019）。

---

* 193个系联合国成员国数量，此外还有4个国家也被我国和国际社会普遍承认，分别是梵蒂冈、巴勒斯坦、纽埃和库克群岛。——译者注

全球城市（global cities）是人类各种互联互通系统的核心。城市影响着全球化，但也受到全球化的强烈影响。例如，2016年，纽约市掌握着大约820亿美元的年度预算，超过了全世界160个国家的预算之和，相当于中国GDP的1/7，是伊朗GDP的4倍*。作为韩国一半人口的家，超大城市首尔的经济产出比大多数国家还要多。有一些城市已经完成了全球化，而另一些城市正在全球化的进程之中。城市化的活力来自网络，这一点将在后面讨论。从这个角度来看，城市的重要性要高于国家，因为城市和所有这些全球化现象之间的重叠更加精确。这种新型全球城市具有内在的世界属性。全球城市为重新思考政治提供了颇具前景的想象空间，它成为对抗不断攀升的民粹主义和种族歧视危险的一股重要力量。从某种意义上说，城市是全球性国际大都市（global cosmopolis）的先驱，它由来自各地，拥有不同信仰、语言和文化，并且一起工作与生活的人群组成。这些人依托其日常经验，在现实中拒绝民粹主义兜售的“他者”偏见。

很多行动发生在城市之内，但也有很多行动发生在城市的边界之外。引发这一现象的原因在于，城市的影响力不断向世界其他地区投射。城市与国际机构、外国政府、非政府组织、商业公司和世界舞台上许多其他类型的行为体都建立了联系。城市之间的网络、伙伴关系和联合倡议是城市国际影响力投射的重要方

---

* 根据世界银行官网（http://www.worldbank.org）数据，2016年中国GDP为11.23万亿美元，伊朗GDP为0.46万亿元。原文数据似有误。——译者注

式。此外，我们需要反思我们对城市活动范围的认识。它们的内在和外在看起来是一样的。城市所进行的是一场多层博弈，其中的本土战略和国际战略需要整合考量，而不能单独推进。因此，城市的整体网络和其他多方利益相关者（multi-stakeholder）的倡议同样重要。城市的国际行为包含着诸多风险和机遇，因为它承载着传统经济发展责任之外的其他任务。正如纽约市前市长迈克尔·布隆伯格（Michael Bloomberg）所说的那样，“国家在谈论，而城市在行动”，但是这种行动也存在限制。虽然国际活动的资源是有限的，但在最初的投资推进之后，它有可能激活一个可持续发展的良性循环。当然，先验的规范框架有时也存在负面效应，因为它会限制城市外交的范围。

我们倾向于将 1648 年的《威斯特伐利亚和约》视为现代国际关系的起点。然而，在此之前，外交活动有着非常丰富的记录，而且外交在很大程度上是由城市主导进行的。从古典时代的希腊城邦和雅典外交，到文艺复兴时期的意大利（诸如佛罗伦萨的外交使团和驻外机构），规模庞大的城邦（city-states），如中国的成都和意大利的威尼斯，曾经在塑造不同社会之间的贸易规则方面发挥了巨大的作用。到了 17 世纪，城市被民族国家所吸纳，新的以国家为中心的世界体系将城市边缘化。然而，近年来城市（与许多其他非国家或次国家行为体一起）又宣告回归。在经历了 300 年的沉寂之后，城市正越来越多地参与到全球关系的互动之中。城市在某种程度上正在恢复它们曾经拥有的功能。今天，和当年一样，城市正在变成一个新的外交实体——由市长、城市规划者、城市企业家、地方文化领袖、学术先锋和超级警探组成的使团。而这在一定程度上是城市化不可抗力的结果。

国际化，特别是全球化进程，给城市同时带来了好消息和坏消息。城市不仅获得了发挥国际影响力和增加本国公民福利的新契机，同时也需要面对各种跨境风险和威胁，并且这些危险往往会对当地造成直接影响（例如污染、恐怖主义、流行病、暴力以及金融和经济冲击）。随着 ICTs（信息和通信技术）对沟通障碍和地理区隔的消除，人类社会的联通性水平急剧提高，风险和机遇同时出现。而城市正越来越多地利用机遇，规避风险。现在的城市更容易与国际接轨，在全球事务中拥有自己的发言权，或者至少可以更有效地提高自己的国际化水平。例如，它们可以与其他城市建立快速、实惠和灵活的伙伴关系；吸引企业、投资者和旅行者；举办全球活动；等等。与此同时，正如新冠疫情告诉我们的那样，城市仍然非常容易受到全球性威胁的伤害。城市是病毒的温床，米兰、纽约、马德里的事实证明，城市群是全球大流行病暴发的完美地点。

全球政治正在被一些在世界舞台上日益活跃的城市所塑造。它们发展结对（twinning）网络与项目，分享信息，签署合作协议，为国家和国际政策的出台做出贡献，提供发展援助，促进对难民的援助，并通过去中心化的城市对城市或区域对区域合作进行地区营销。现在，城市所做的是许多世纪前“自治城市”（municipalities）所做的事情：它们在合作的同时激烈竞争。出于这个原因，如果我们想在全球范围内理解当前的社会政治动态，我们至少需要有两幅心象地图，即以国家为中心的地图和以非国家为中心的地图。特别是在外交方面，我们必须考虑到基于不同层级的复杂外交制度的存在，并且这些层级是相互重叠的。

有几个原因可以解释城市外交的重新兴起。从内部来看，对于地方政治家来说，主动推动城市外交可以帮助他们提升知名度，获取选举收益。然而，城市外交也可以来自公民自下而上的积极压力，例如对无核化城市的倡导。如果国家缺乏国际官方承认，城市外交也可以作为国家外交的功能性替代：巴勒斯坦的城市代表巴勒斯坦，巴塞罗那代表加泰罗尼亚，就是这种情况。最后，城市外交作为准外交（para-diplomacy）可能只是一个工具，其目的是更好地服务于城市的利益。例如，阿姆斯特丹在加纳、苏里南和土耳其很活跃，因为这些国家是其移民的来源国。相似地，城市会参与其他国家的冲突解决进程，以防止移民的流入。然而，准外交的蓬勃发展也有外部原因。全球政治越来越多地受到跨国网络的干涉，这些网络迫使城市基于国际和本土原因做出反应。同样地，地方政府也会因为接受国际组织的邀请参与全球性事务而变得国际化：一个典型的例子是，欧盟大力推动欧洲地区和城市活动的欧洲化（Europeanisation）。在某些条件下，城市外交往往更容易发生。当某种政治文化在公民和政治精英中传播时，准外交就有可能发生。此外，其他有利因素包括物质资源（金钱、人力资源等）、地理上接近边界或枢纽（如大型港口）以及地方政府相对于中央政府有一定的自治权，或者地方利益在中央政府决策中有显著的代表程度，在这种情况下中央政府会被诱导去促进与地方政府的联盟关系。

国际城市行动主义（international city activism）不仅仅具有工具性价值，它还具有规范性特征。现在，城市是可以直接影响世界上大多数人口的行政单位，因此它应该有自己的全球政策考量。与民族国家相比，城市与公民的关系更密切，城市一级的决策肯定会更加具体地影响人们的日常生活。进一步来说，如果中央政府执行错误的政策，城市很可能首当其冲。当国家不能或无法有效地服务于公民的利益和权利时，城市将被要求补充或取代国家。作为国家缺陷的功能性替代，城市具有明显的补偿价值。然而，这里面还有更多的内容可以讨论。已故政治理论家本杰明·巴伯和一些观点相似的市长声称，城市有权利和义务对国家的功能失调或缺陷做出回应，它们有权以真正的自决精神，也许是民主本身的精神来治理自己（Barber，2013）。从这个角度来看，城市的国际行动主义是由民主原则所要求的。其目的在于，通过促进公共生活相关管理规范的形成，为公民提供决定自己命运的可能性。这样一来，城市成了世界和国家之间的规范调解者。城市的这一功能至关重要，因为它们作为民主的、有组织的共同体具有特殊性，而这一特殊性在于城市不仅是想象的共同体，同时是生活共同体（Blank，2006）。

在过去的几十年里，城市治理受到了国际组织及其成员国的极大关注。在这种关注的背后存在两类逻辑：效率（efficiency）与效益（effectiveness）的逻辑和民主的逻辑。在效率与效益的逻辑中，良好的城市治理被认为是实现社会效益的最佳工具，因为它以竞争的姿态直接贴近市民的生活。地方管理（local management）、微观实践（micro-practices）和辅助性原则（principle of subsidiary）这些灵感都是基于社会效率而思考的结果。城市治理被看作发展的关键引擎。它强调经济效率和发展，其观念据称来自分权（decentralization）和自治传统。在这一逻辑中，有时地方政府会以私营公司而非公共机构的身份出现。根据私营公司的逻辑，城市的主要目标是在财政上可持续，并为其消费者——居民提供良好的服务。相反，在民主的逻辑中，良好的城市治理被认为是实现民主理想的最佳工具，也许还可以作为一种反抗独裁的手段。这种观点认为，地方政府是实现社区赋权和民主自决的工具。在自由主义的设想中，地方主义意识形态将城市治理比喻成民主的学校，视其为可以改变专制政权、向民众灌输民主思想的要素。这样一来，国际社会对地方赋权的重视，也可以被理解为一种颠覆非民主政权的尝试。

城市管理的效率与效益逻辑和民主逻辑之间的相互重叠，使民主国家和威权国家产生了一种奇怪的趋同。前者支持城市管理是因为城市管理在其本国内和转型国家中具有民主增强效果，而后者支持城市管理则是因为其发展增强效果。后者也从事实上证明了威权政权在向公民提供福利方面具有优越性。无论从规范性还是功能性角度看，良好的城市治理都十分重要，这也意味着城市国际化的重要意义。虽然这两类逻辑有时相互抵触，但在大多数时候，它们在支持分权计划和向地方政府赋权等方面是一致的（Blank，2006）。城市治理概念的成功，部分原因正是得到了民主制度和威权制度的共同支持。

与国家相比，国际组织和商业公司已经意识到了城市的价值，并与它们开展了越来越多的合作。联合国也不断承认地方政府在应对跨国挑战和引领全球治理方面的贡献。例如，在可持续发展领域，联合国及其机构一直在寻求地方政府的积极参与，因为地方政府有能力在当地落实全球性目标。最近，城市多次被邀请参加联合国领导的筹备会议和高级别会谈，例如《仙台减少灾害风险框架》（UNISDR，2015年6月）、可持续发展目标（SDGs）（2015年9月）、气候变化领域的《巴黎协定》（UNFCCC，2015年12月）、联合国住房和城市可持续发展大会（UN-Habitat，2016年10月）等等。在这样一个有利的合作框架下，城市和其他次国家政府正迫切希望在世界舞台上获得正式承认。它们希望不仅仅作为观察员，而是作为正式行为体被认可。因此，它们在联合国大会上主张获得特殊地位，以便参加与领土有关政策的制定。欧盟将城市和地方政府纳入地区委员会（Committee of Regions，CoR）的活动中。地区委员会主要在地方协商和自下而上思路的基础上，为城市之间的跨境合作量身定制项目，从而实现财政资源的有效分配，以及需求与供给的匹配。公司和私人基金会也已经开始与城市合作。洛克菲勒基金会雄心勃勃的倡议——“百座韧性城市网络”（100 Resilient Cities Network）创建于2013年，旨在支持世界各地的城市更具韧性，以应对21世纪日益增长的来自物质、社会和经济层面的挑战。它主要依靠来自私营、公共、学术和非营利部门的重要合作伙伴的支持，这些合作伙伴包括微软、安永会计师事务所、国际救援委员会、救助儿童会、西门子和世界自然基金会等。

在学术讨论中，关于城市国际层面的研究在长期边缘化后开始增长（Acuto，2010，2013a，2013b；Acuto，Morissette & Tsouros，2017；Barber，2013；Chan，2016；Curtis，2014；Gutierrez-Camps，2013；Hocking，1993；Hocking，Melissen，Riordan & Sharp，2012；Leffel，2018；Terruso，2016；Tuirán Sarmiento，2016；Van Der Pluijm & Melissen，2007；Viltard，2010）。其中，地理学和城市研究对这个话题有着明显的兴趣，但是它们通常把国际层面放在次要的位置。经济学家更多关注城市在全球经济中的内部和外部动态，但对治理问题兴趣有限。政治学和国际关系学被认为更有能力捕捉城市的国际层面，却很难将城市作为独立的国际行为体来研究。今天，大多数国际关系学者不愿将城市视为相关的国际行为体。有时，城市被认为是为国际关系服务（for）的场所，而不是国际关系发生（of）的场所，或者仅仅被当作级别较低的行政单位处理。除少数例外，城市通常不具有完整的国际政治行为体身份。阿库托和柯蒂斯在赋予城市国际政治行为体身份方面取得了首次重大进展（Acuto，2013a；Curtis，2014）。但是现有的研究仍然缺少对其特征的全面描述，包括行为体属性、战略、行动范围和行动领域。而这些正是本书写作的初衷。

通过这本书，我希望丰富复杂多元主义（complex pluralism）的学术研究（Cerny，2010；Ferguson，2015；Ferguson & Mansbach，2008；Marchetti，2016a；McFarland，2004），关注城市在全球事务中的作用，将城市外交与国际关系研究打通，关注城市外交和国际关系之间的相互生产和破坏关系，从而在现有的国际关系和全球城市研究的文献碎片中构建一个学术研究的子领域。复杂多元主义假定政治受到众多不同行为体的管理，这些行为体之间单独或协同地互动、结合、合作和竞争，并在地方、全球、国家内部和跨国的多重制度层面产生政治影响。行为体之间的行动结果将影响并形塑我们日常生活的各种社会经济动力。行为体之间的互动是多元的，因为其中有不同类型的行为体，这些行为体又有着不同的权力大小、规范价值与政治计划。这种互动也是复杂的，因为这些行为体为了和平与暴力的目的，以复杂的方式相互作用。在国际层面，或者说全球层面，行为体的多元化不仅会产生复杂性，还将改变系统本身的性质。国际体系的本体论，它的动力，它的排序原则，以及它的结果，都高度依赖这些多重互动。虽然权力有着特定的分配状态，制度合作在一定程度上也较为稳定，然而，由国家、国际组织、跨国公司、非政府组织等组成的国际体系仍然是流动的，国际体系最终还是呈现为一种无政府状态（Prichard，2017）。全球化改变了国际关系中权力分布的矩阵：过去人们关注国家和超国家层面的制度，以及作为政治代理人的国家行为体，而现在它们已经让位于多层级的行为体、机构和实践。与过去几个世纪的国际关系相比，从变化和挑战的角度来讲，非政府行为体等新兴政治实体确实可以被看作具有革命性。如此众多的行为体在相互交织的政治机会结构中采取战略行动，它们试图在国际政治的夹缝中，利用一切机会，逃避更强大的行为体对它们的限制。

1795 年，伊曼纽尔·康德（Immanuel Kant）写下了著名的小册子《论永久和平》（*Zum Ewingen Frieden*）。它被认为是一部突破性著作，因为它拓宽了几个世纪以来知识界思考政治时的概念边界。康德建议我们关注社会互动的三个不同层面的原则，以便以一种自我执行的方式实现永久和平。第一条原则侧重于国内层面，“每个国家的公民体制都应该是共和制”。第二条原则着眼于政府间层面，“国际权力应该以自由国家的联盟制度为基础”。第三条原则指向全球层面，“世界公民权利将限于以普遍的友好为其条件”。虽然康德的观点具有创新性，但他并没有承认城市的价值。站在今天的角度，我们需要在地方层面考虑增加第四条原则，即“城市共同体应由其公民共同管理”。与此相似，1988 年罗伯特·普特南（Robert Putnam）写了一篇著名的文章《双层博弈的逻辑》（Diplomacy and Domestic Politics：the Logic of Two-level Games）。他提出的观点是，为了获得成效，政治家需要在国内和国际两个层面之间平衡他们的行动。30 多年后，我们同样需要更新普特南的洞见，将其发展为一个三级——实际上是多级的博弈模型：一个地方、国家和全球同时进行的博弈。今天，当我们思考政治系统全面而有效的重组时，当我们进一步追求稳定、发展和民主时，我们不能再继续忽视来自城市的影响。

第一部分

全球事务中的城市

在传统的国际政治心象地图中，我们往往将世界视为大约由200块碎片组成的拼图。更准确地说，我们将世界概念化为由联合国的正式成员组成的空间。从这个角度来看，若要理解国际政治，我们不得不观察国家的行为，因为我们认为国家才是国际体系的分析单位。这种以国家为中心的世界观源于威斯特伐利亚体系的经验和现实主义主导的思想。然而，纵观历史，人类对国际体系性质的认识并非总是如此。在威斯特伐利亚体系之前，世界被认为是由大型（超国家）帝国所分割而成的，而历史则是它们之间相互作用的产物。在冷战时期，国际政治的心象地图基本上只有两块，即以华盛顿为中心的资本主义世界和以莫斯科为中心的社会主义世界两部分，加上处于真正边缘地带的奉行不结盟政策的第三世界。从20世纪70年代末到2008年的金融危机，根据许多评论家的说法，全球拼图共有5块或8块，即G5或G8的成员国。世界的北方和西方地区，不再通过殖民控制，而是通过经济上的主导地位来引领世界。然而，自20世纪90年代以来，亨廷顿认为世界政治的真正拼图不是由193块、2块、8块或者20块碎片组成，而是由9块被他称为“文明”的宏观拼图组成（Huntington，1993，1996）。根据这位美国学者的观点，今天的历史是由9种宏观区域文明的互动所决定的：（1）西方文明，包括北美（不包括墨西哥）、西欧、菲律宾、澳大利亚、新西兰和巴布亚新几内亚；（2）东正教文明，从希腊到俄罗斯，包括哈萨克斯坦和波黑；（3）伊斯兰文明，从摩洛哥到印度尼西亚，经过阿尔巴尼亚，从逊尼派到什叶派，但没有主导国家；

(4) 非洲文明，只包括撒哈拉沙漠以南的国家；(5) 拉美文明，从阿根廷到墨西哥；(6) 印度教文明，以印度为中心；(7) 中华文明，以中国为中心，包括越南和整个朝鲜半岛；(8) 佛教文明，包括蒙古国和东南亚除越南外的其他国家；(9) 日本文明(作为一种单独的文明)。最近，我们认识到，八国集团不再能够单独进行世界治理，心象地图不断扩大到一些发展中国家，首先便是所谓的新兴大国。而 20 国集团会议则将使这种地缘战略的扩大制度化。

上述心象地图与分析国际体系时采用的模型有关，这些模型提出了权力分配的不同方式。

一个经典的分析模型（至少在过去 20 年内）是美国的单极主义——世界继续由美国领导，因为它是不受挑战的军事、经济和政治大国。这种解释代表了整个美国政府传统而广泛的观点。根据这种观点，美国注定要引领世界上的其他国家，因为它是“闪耀的山巅之城”（shining city upon a hill)，具有特殊性，因而它对国际社会中的其他国家负有责任。我们发现共和党人（Bush，2002）和民主党人（Obama，2007）对美国世界领导地位的解读中都蕴含着这种观点，而且许多学者（Kagan，1998；Krauthammer，2003）和官方文件（Department of Defense，2012）也体现了这一倾向。

第二个被广泛讨论的分析模型认为，美国和中国，即我们这个时代的两个大国，在竞争日益激烈的氛围中相互对抗，而国际社会的命运则仰赖这种竞争状态的最终结局。中国很可能会成为世界上最大的经济体，它的GDP在2010年已经超过了日本。根据美国自由主义者的观点，这种经济领导权的变化并不会破坏国际体系的稳定，因为现有的国际制度足够强大，不仅可以应对这种变化，同时还可以迫使新的领导者接受现行规则（Ikenberry，2011）。然而，根据美国现实主义者的观点，美国仍将作为霸主，但是如果美国衰落，我们所知的国际体系将发生根本性变化，因为国际体系是权力分配的副产品（Kagan，2012）。从这个角度来看，世界的未来在很大程度上取决于美国和中国之间将建立什么样的关系，是合作与双赢，还是竞争与零和。

第三个分析模型是由美国、欧盟和中国主导的三极体系。根据这一观点，在美国—欧盟—日本这个旧的三极体系的逻辑基础上，中国将代替日本扮演亚洲的角色。但对于国际体系来说，世界上大部分的经济、军事和政治互动仍将在这三个宏观区域之间进行，这一点基本没有什么改变（Khanna，2008）。然而，从政治视角来看，变化依然存在，因为新的角色将使有关地区更具活力。虽然现在日本与西方世界有着一致的政治愿景，但是今天的情况却是前所未有的。

另一个被广泛讨论的分析模型是多极世界模型，在这个模型中，除了美国和欧盟，新兴国家巩固了它们的地位，特别是金砖国家，即巴西、俄罗斯、印度和中国，还有南非。此外也有其他具有相当经济分量的国家，如中等强国合作体（MIKTA）国家（墨西哥、印度尼西亚、韩国、土耳其和澳大利亚）。根据这一观点，世界正朝着一个大致平衡，甚至是前所未有的权力分配模式发展，西方国家将首次不得不与世界的南方国家分享权力。

最后还有第五个分析模型：非极化的（a-polar）世界（Avant，Finnemore & Sell，2010；Haass，2008；Hale & Held，2011；Khanna，2011）——一个权力分散在包括非政府行为体在内的众多行为体之中的世界。这样的世界被全球化强烈地塑造着，其分析模型因而拒绝现实主义和国家中心主义的垄断。从这个角度来看，在全球化时代，指导我们理解和行动的最佳观念地图（conceptual map）要比我们提到的前几张地图复杂得多。一方面，国家作为一个统一的行为体，其核心作用正在减弱，它被拆解、重组为越来越多的跨国行为体和次国家行为体（Slaughter，2003，2004）。跨国治理网络正变得越来越重要：法院、公共机构、各国议会间的会议（inter-parliamentary assemblies）和中央银行都在增加与国际同行的合作。另一方面，越来越多的非政府行为体要求参与国际决策过程，或者在与国家不发生冲突的情况下，通过直接获得权威、专业知识和权力的方式影响国际事务。从世界经济论坛这样的国际会议到“基地”组织与“伊斯兰国”这样的全球恐怖组织，从比尔及梅琳达·盖茨基金会（Bill & Melinda Gates Foundation）这样的慈善基金会到巴西无地农民运动（Movimento Sem Terra）这样的社会运动，从“维基解密”这样的替代性媒体到 U2 乐队波诺（Bono）这样的慈善明星，从美国外交关系委员会等智库到摩根大通等金融银行，从标准普尔等评级机构到 CNN 等全球主要媒体或 Facebook 和 Twitter 等新媒体，从城市到地区，非国家行为体（non-state actors，NSAs）在全球政治中已经无处不在（Khanna，2011；Naìm，2013）。

传统的政府间组织在今天似乎越来越难以处理与全球转型有关的重要问题。多边商业回合谈判已经瘫痪，开始向双边或区域间协议转移，全球金融体系的结构性改革也难以启动。第二次世界大战后由一个无可争议的霸主所创造并领导的多边主义机制，现在正被弃置于世界的角落，因为当年的霸权如今分散在千百条权力河流之中。问题源于行为体之间存在纷杂的利益纠葛，以及它们之间的权力失衡状态。

相比过去，全球化时代的政治要更为复杂。因为发生在一个地方的事件往往与发生在另一个地方的事件紧密关联。要实现对多维度、多层级和多地点同时发生事件的政治控制，需要领导人具有理解、判断和创新等多方面的高超技艺。与过去不同的是，今天美国人的贷款抵押可能与冰岛人的福利水平直接相关；巴拿马律师事务所的一名愤怒雇员如果泄露了避税信息，冰岛总理可能被迫辞职；印度尼西亚的卫生基础设施可能会影响墨西哥的流感死亡率。因此可以理解的是，在这样一个相互交织的世界中，政策制定者所做的预测往往不够准确。尼尔森和卡赞斯坦的研究表明，即使是最有声望的机构，其预测的成功率也非常低。比如美联储下属的负责监督美国关键货币政策决策的联邦公开市场委员会（FOMC），它在1992年至1999年期间对利率和美国货币供应量增加的预测，准确率只有4%（Nelson & Katzenstein，2011，p. 28）。这当然与我们和政治精英们对其预测能力的普遍看法相冲突。再比如，美国联邦储备委员会前主席艾伦·格林斯潘认为，如果政策制定者能够以70%的成功率进行预测，他们就会被认为具有超凡的能力（Greenspan，2010，p. 209）。

第一章　全球政治中的非国家行为体

全球治理与国际关系的多元化

当前，国际社会的制度框架由包括国家实体、国际和跨国组织在内的不同要素构成。国家机构的国际关联通常被称为国家间体系。国家间体系几乎与国家本身同时产生，其基础是典型的主权制度和国际法制度。国际社会很少有稳定的系统，但是在20世纪中叶，作为补救制度的联合国成立。它标志着一次突破，因为它建立在古典理想、自由主义和世界主义等具有内在缺陷的众多要素的并存之上（Held，2002；Held & McGrew，2002）。近几十年来，多边政治参与不断加强，它有时与联合国主导的秩序并行不悖，但有时也挑战着联合国的秩序主张，力图创造一个新的全球治理体系。政府间机构（如七国/八国集团会议）和（半）私人机构（如互联网名称与数字地址分配机构——ICANN，环球银行金融电信协会——SWIFT）如雨后春笋般出现，即使这些新兴机构尚未取代传统的以联合国为中心的国际体系，但它们事实上创造了诸多替代性全球治理机制，而这又给联合国制度带来了不小的压力（Avant，et al.，2010；Hale & Held，2011）。

在过去的几十年间，国际制度的框架发生了重大变革，其中全球治理机制大幅增加并强化（Czempiel & Rosenau，1992；Hale & Held，2011；Koenig-Archibugi & Zürn，2006；Risse，2011；Rosenau，1997）。嵌入式自由主义模型——自由市场和国家福利政策的结合（Ruggie，1982）——对更广泛和更深入的国际合作提出了越来越多的需求，而这最终催生了一个由混合功能和单一功能组织构成的密集网络（Slaughter，2004；Zürn，2004）。政治规范和法律管辖不断增长，伴之以低水平的民主，这种组合已经越来越成为当今社会的典型制度特征，正不断侵蚀着国家的权威和传统国际法的合法性。

全球治理有别于传统的政府，因为它不需要相同程度的权力集中、形式化和一体化。全球治理的基础是为解决全球层面问题而创设的规范、规则和程序，同时它不需要特别的权力来源。在当前全球治理体系的众多特点中，以下四点最为重要。第一，每一种治理形式都涵盖了尽可能多的行为体，因为它直接涉及全球、跨国、国家或区域一级的多边规则体系（Held & McGrew，2002，pp. 8 - 13）。与传统的政府间规则相比，全球治理的规则往往更具侵入性，并会带来更多的合法性要求（Woods，2000，p. 217）。第二，尽管治理系统涵盖的范围更广，但它在包容性和参与性方面却更为有限，因为它只涉及具体问题以及与此相关的代理人（利益相关者）（Krasner，1982，p. 185）。第三，由于治理具有多边特征（包括三个或更多的行动体），它还会诱发有关行动的普遍原则问题和广泛的互惠困境（Caporaso，1993；Keohane，1986；Ruggie，1993）。第四，治理是多层级的，因为它包括大量地位不平等的权威，如国家、次国家团体和特殊的跨国利益团体（Rosenau，1992，pp. 284－285）。因此，考虑到现实中国家和联合国与多边治理机构的合作增多，全球治理也意味着国际行为体概念的修正。

泽皮尔和罗西瑙认为，作为一个整体的监管机制，全球治理并非始于官方权威，而是来源于相互依存日益紧密的世界中的网络扩散（Czempiel & Rosenau，1992）。全球治理不能被看作一种结果，而应被视为一个连续的过程，它永远不会固定，也没有单一的模式或形式（Koenig-Archibugi & Zürn，2006）。监管不只是一套既定的规则，它还是互动、冲突、妥协、谈判和相互适应等持续博弈的结果。

最近，全球治理出现了五个趋势：（1）国家和国际的融合；（2）非国家行为体作用的增加；（3）私人治理的出现；（4）新型履约方式的转向；（5）制度景观的不断复杂化（Avant，et al.，2010；Hale & Held，2011）。我们有必要对这些趋势逐一进行分析。

第一，国内政治越来越受到国际政治的影响，但是它仍然强烈地依赖国内政治生态，这种国内与国际的相互联系似乎令人费解。鉴于此，人们经常使用新词“inter-mestic”（国际—国内）

将国际和国内进行综合讨论。早在20世纪70年代，奈和基欧汉就开始研究相互依赖现象（Nye & Keohane，1971）。在20世纪80年代，普特南关于国内与国际两个维度不断平衡的研究标志着这场辩论的一个里程碑（Putnam，1988）。而其后，斯劳特的研究则指出了跨国网络的重要性（Slaughter，2004）。

第二，非国家行为体越来越成为国际层面的主角。关于非国家行为体的研究在20世纪70年代便已经存在（Keohane & Nye，1971，1977）。在80年代，由于新自由制度主义的复兴，关于非国家行为体的研究开始相对边缘化。到了90年代，非国家行为体再次成为重要的研究对象（Keck & Sikkink，1998；Risse-Kappen，1995），但人们主要关注的是它们与国家的互动。直到最近10年，关于非国家行为体能够以自主方式影响全球政治的讨论才开始变得普遍起来。

第三，全球治理越来越私人化（Hall & Biersteker，2002）。虽然从传统意义上讲，国际层面的权威依赖于授权原则，这一原则进而被嵌入一种特定制度形式之中，但是在今天，我们越来越多地看到新的权威形式得到巩固，而这种权威具有更强的私营性（privatistic）。在私人主体中，权力获得认可并不完全基于选举机制的授权，而是基于专业知识（例如，技术专家在决策过程中正获得越来越多的权力）（Fisher，1990），或基于道德信誉（例如，非政府组织或名人享有的威望）（Busby，2007；Kapoor，2012），或基于完成特定职责的能力（例如，雇佣兵被用来发动武装冲突，非政府组织致力于合作和发展）（Hulme & Edwards，1997）。

第四，对规则的尊重是通过软性权力而不是强制性权力实现的。传统上，对规则的尊重需要通过正式的制裁方式得到实现。然而，今天的规则不一定是正式的，其执行也不一定需要通过制裁的方式。相反，今天所使用的是自愿条例、建议、最佳实践方法、透明度和问责制。可以说，当代全球治理的遵约正在发生从“命令与控制”模式到“管理方法”模式的转变，通过能力建设和规范说服的行动，行为体遵守国际标准的能力和意愿均得到了证实（Avant，et al.，2010）。这种转变在某种程度上是必要的，因为国际社会缺乏一个有权力进行制裁的中央机构，也因为国际社会需要一套能够得到普遍尊重的共享标准。这些标准应当符合以下条件：（1）可以由差异化程度较大的不同行为体提出；（2）可以作为一个整体适用于一群高度多样化的行为体，这些行为体需要一些非限制性规则以便更容易地获得共识；（3）制定这些标准的成本较低；（4）说服策略在确保履约方面起着重要作用。

第五，制度景观越来越复杂。无论是政府间的、混合的还是私人的，国际制度的激增改变了政治行为的方式，影响着全球政治中行为体将要采取的战略。例如，我们可以从只由志同道合的（like-minded）行为体组成的联合（甚至是混合）制度中看出端倪。所谓的择地行诉（shopping forum）现象越来越频繁，在这种现象中，行为体四处寻找最有利的制度和司法框架以满足自身的期待。

全球治理概念的出现与发展可以被视为经典的威斯特伐利亚

体系（权力分散、强调主权和政治独立，以及不干涉原则）向一个冲突较少、合作性较强、协商一致的体系逐渐过渡的过程。除了对全球治理的发展趋势有不同解释外，还有一个重要的规范性问题涉及其中，即全球治理制度在排他（exclusion）问题中的合法性问题（Marchetti，2008）。世界上日益紧密的相互依存关系增加了国际社会对国际制度的需求，尤其是那些能够协调不同国际参与者的制度。这些国际制度可以有效促进合作，因为在当前这样一个异质化的政治行动领域，依赖自我利益计算而不进行彼此协调，合作是无法达成的。在这个意义上，全球治理的重要性仍然在于它的效率水平，尤其是当政府和非政府行为体的政治参与都在扩大之时。

全球化的发展显著削弱了国家作为国际关系行为体的排他性特征。全球化将相距遥远的共同体联系在一起，一方面权力关系开始去领土化（de-territorializes），另一方面它的作用范围扩大到传统的国家边界之外。全球化进程削弱了国家作为国际行为体的排他性特征，为新的社会角色开辟了空间。除了国家和政府间组织（如联合国）在国际生活中处于核心地位外，目前全球治理体系内还有着各种各样其他的国际和跨国行为体，它们对国际事务同样有着很大的发言权。为了理解今天的全球政治，我们自然不能局限于仅仅观察国家与政府间的行动，同时还要考虑到其他非国家行为体的所作所为。其中，有四类行为体特别值得关注：以营利为目的的跨国企业，倾向于公共目标的民间非政府组织，包括地区和城市在内的地方政府，以及通过制定标准来实现特定部门管理的私营或混合组织（所谓的标准制定机构）。虽然上述四类行为体并不能充分体现全球治理行为体的多样性，但是它们却可以反映出世界政治的新气象与创新性。值得注意的是，近几十年来，跨国企业、民间非政府组织和标准制定机构的数量大幅增加，并且遵循一种与全球化传播方式高度一致的模式。而类似的模式也可以在城市与地区外交的发展中看到。

通过发挥更多的功能，非国家行为体在世界政治中的作用也越来越大。它们致力于引导公众对新问题的关注，从而参与政治议程的制定（可以想一想近年来民间社会为废除死刑所开展的运动）。它们游说政策制定者（可以想一想在千禧年结束时免除负债率最高国家的债务的决定）。它们向政府和政府间组织提供技术援助（可以想一想那些在 1998 年联合国设立国际刑事法院全权代表外交会议期间提供法律援助的非政府组织）。它们为私人和公共行为体提供资金（就前者而言，我们可以想到比尔及梅琳达·盖茨基金会为世界范围内的卫生项目提供的捐助；就后者而言，可以想到作为世界知识产权组织运营关键的资金收入，主要来自专利和商标的企业税收）。它们制定监管决定（可以想一想各式各样的行为准则，以及为钻石贸易提供指导的金伯利进程（Kimberly Process））。它们推广计划和公共政策（可以想一想整个发展援助部门，但同时也别忘记雇佣军在冲突中发挥的作用）。它们提供服务（可以想一想负责签证发放的私营中心，在过去这是大使馆基于国家主权的特权）。它们监督国际协议的遵约（可以想一想非政府组织汇编的各类人权文件，这些文件随后被最重要的政府间组织如联合国接收）。它们解决争端（可以想一想那些完全通过私人途径解决的国际仲裁与诉讼）。它们还落实决定，即所谓的执法（可以想一想某些非政府组织的战略，它们通过发起对政府和跨国公司的揭露运动来增强国际社会对规则的尊重）。

跨国机制与政治战略：关系网络与社会运动

全球政治是由传统的政府行为体和前文讨论的新兴跨国行为体，通过创新的形式和不断更新的政治战略而推动的。其中，关系网络、社会活动和伙伴关系发挥着突出作用。为了获得成效，任何全球政治行为体都需要在这些方面提升它们的决策和行动能力。

非国家行为体决定采取何种战略，取决于它们的评估结果，即何种行动方案更适合它们所处的具体政治环境。战略选择要考虑平衡非国家行为体的具体特点（比如政治观点、经验、知识和目标等）和外部环境。只有在与行为体有关的因素和与环境有关的因素之间建立起良好的匹配，动员工作才能够取得成功。而其中最重要的是对合适时机的把握（可以想一想在索契冬奥会期间进行的支持 LGBT 的抗议活动）。事实上，任何动员都可能产生完全不同的结果，这取决于发起动员的时刻。上述因素构成了政治机会结构（structure of political opportunities）概念的核心，而这一观点主要来自社会运动理论（McAdam，McCarthy &

Zald，1996）。

跨国网络所处的全球政治机会结构是复杂且多层的。尽管说到底，动员是全球性问题（即便动员引发的问题经常由国家或地方解决），但成功动员与否却与政治机会结构相关，正是这一结构将国家的政治行动与跨国的政治行动结合在了一起。在国家背景下，非国家行为体处于由社会关系和共同身份所构成的密集网络之中，虽然它能够获得重要的资源（人力、财力等），但是它却在高度秩序化的政治体系中行动，体系中的政治过滤器（filters）将限制其动员能力。虽然民主国家倾向给予行动主义（activism）更多空间，但是在其他制度类型的国家中，行动主义的活动空间很可能受到较大的限制。

相比之下，在全球层面，尽管面对有着不同文化和语言特色的非国家行为体时，跨国网络的建设成本较高，同时它能够获得的资源也相对有限，但是好处在于，它所面临的制度限制也相对较少。在跨国层面，网络在一个政治体系中运转。在这个体系中，民主的匮乏和全球治理的乏力为跨境动员提供了契机（可以想一想世界经济危机带来的那些政治机会，例如美国的"占领华尔街"运动、西班牙的"愤怒者"运动（Indignados）、意大利的"五星运动"（Movimento Cinque Stelle），以及希腊的"金色黎明"党（Golden Dawn））。正是由于缺乏严格的制度环境，政治行动在全球层面发生的可能性被放大了。而从另一方面来说，类似联合国或欧盟这样的国际组织，也可以利用跨国网络，创造更多的政治空间，更有效地调动资源。

由于在国际体系内存在的行动机会，非政府行为体将适时、适当地选择一系列具体的政治战略。当冲突程度较低且有可能建立联盟时，就会出现围绕具体问题的“垂直联盟”。在这些联盟中，非政府行为体之间会进行合作，或者至少与某些特定的国际组织或一些“进步”的政府或区域组织建立对话。例如，在国际刑事法院的建立过程中，在推动反地雷协议和反对童工的运动中，以及在世贸组织坎昆会议期间，都出现过建立垂直联盟的情形。相反，当冲突程度较高时，政治行动的目标则是最高层，即全球决策过程的核心人物（比如 G8 峰会期间的抗议活动），并且行动的方式也更加显眼。例如，在召开峰会时，街头示威产生的政治影响力既可以向对手施压，也可以确认友好关系。尽管这两种情形有所不同，但是它们都可以为其间出现的跨国网络创造更多的机会，使它们成为一种站在全球利益一方、合法且权威的声音，进而扩大它们对公众舆论的影响力。此外，非国家行为体的行动也可以影响地方层面，有助于增加国家背景下的政治机会（可以想一想当前的叙利亚冲突）。例如，非政府行为体可以作为协调者，为那些通常没有发言权和被排斥的行为体提供发声空间。跨国网络也可以通过“全球桥梁”（global bridges）和“回旋镖”（boomerangs）放大地方的声音，以这种方式为地方或国家的行动主义提供更大的力量。此外，层级变换（level shift）、转变战场（change in the battlefield）、蛙跳策略（leap-frogging）等都是非政府行为体所广泛使用的技巧。这样一来，在全球范围内，跨国网络就可以在战略上为全球利益提供“话语代表”（discursive representation)，而在既有的政治体系中，这些利益总体上尚未得到充分表达。

总而言之，我们可以列出一个能够增加非国家行为体行动有效性的条件清单。最近的研究表明，在满足下列条件的情况下，跨国行动主义的效能将获得提升：(1) 在具体的全球问题上存在跨国联盟和网络，有来自不同行动领域的非国家行为体，并且学术界和商业界参与其中；(2) 同时采取不同的行动方式（旨在提高公众意识的社会活动、抗议、游说、政治手段及其替代做法）；(3) 采取多层级战略（地方、国家、区域和全球），利用各种机会窗口，与多层级的全球治理并驾齐驱；(4) 通过支持把关者(gate-keepers) 并消除否决者，与联合国机构、友好国家政府和商业界人士建立"垂直联盟"；(5) 举办全球活动，如联合国会议，提高知名度，并提供思想和实践交流的机会；(6) 有强大的领导力，具有魅力、激情、敏锐性和决心；(7) 有资金、人员、信息等方面的资源，等等；(8) 没有（或相当有限地存在）制度障碍（Pianta，Ellersiek & Utting，2012；Scholte，2004）。

从上述分析中我们可以看出，这些非国家行为体的重要性在所有情境中都在提升，而原先这种重要性只存在于外交关系之中。在我们生活的时代中，权力在社会中广泛而剧烈地扩散，政治已经成为一门越来越难以实践的艺术。政治要求在更多的层级中发挥影响，并要在很短的时间内与不同性质的行为体展开互动。在这个意义上，非国家行为体自然成为全球政治行动中的一个永恒要素。

在全球政治中，跨国网络发挥着核心作用。在这种语境下，跨国网络可以被定义为不同国家行为体之间的长期协调，其目的在于，在国家和超国家层面，通过社会活动和共同动员的方式逐渐形成抗议和建议（Marchetti & Pianta，2012）。网络的形式可能是全球化时代最常见的组织形式。跨国网络在社会力量聚集和跨国共同身份发展等方面具有极其重要的作用。跨国网络可能是混合型的，包括政府、国际组织、跨国公司、民间社会组织、地方政府等多个组成部分，也可能是部门性的，只包括一种类型的行为体。

跨国网络是一种组织形式，自愿（voluntary）与横向（horizontal）的协调模式是其特点，并且这种模式以信任为中心，是互惠且不对称的。网络实际上是一种非静态组织：灵活性和流动性是网络组织形式的两个主要特征。一个灵活的组织结构可以有效增强全球范围内适应不断变化的社会环境和政治形势的能力。反之，一个流动的组织结构有着可渗透的组织边界，它不需要正式成员的批准，便能够跨越国家和文化的边界。网络结构也存在变化，连接可以是直接的，也可以是间接的，联系可以是集中的，也可以是分散的，并且有着不同程度的区隔（Anheier & Katz，2005；Diani，2003）。跨国网络的主要活动包括传播信息、影响大众媒体和提高公众意识。在这种情况下，它们构成了全球社会运动的一项“全球基础设施”。通过分享信息、资源和成本，跨国网络在创新、影响力和互助方面能够为所有参与者带来增益，在积极意义上实现更多的合法性和权力。同时，游说、抗议和向选民提供服务也是跨国网络的主要功能和目标。

如果不同的国家在价值观、身份认同和政治方案等方面存在一系列先决共识，并且能够对某个特定全球问题的重要性以及解决该问题的行动框架和合理战略达成一致，这些国家的组织之间就会形成网络。在决定就全球问题进行合作的成员中，关于价值观、身份认同和战略等共识的谈判、确认和复制程序，对于实现中的合作至关重要。在形成网络的过程中，章程、宪章或方案的制定通常尤为关键，而共识便是最常见的方法。之后，这些共识将按照不同的程序，包括正式的和非正式的程序得到批准。

全球网络的“内部”动力是由国家社会和政治行为体进入、停留或离开网络的战略选择所决定的。支撑这些不同战略选择的原因多种多样，它们可以通过行为体在网络中获得“所有权”（ownership）份额的模型来解释。在网络中，每个参与者对政治资本和资源的投资需要与网络中的协调者以及其他主要成员协商，以便在国际和国家层面获得政治收益，因而投资的分布情况在不同组织之间可能存在很大差异。因此，网络通过内部讨论、争论和抵抗的方式不断发展，继而产生新的“宪法性”特征或新的成员。在这里，跨国网络的力量是显而易见的。在跨国网络中，关键的原则总是务实地与战略性或工具性内容相关联，它可以被粗略地称为“互易条件”（*do ut des* conditionality）。虽然规范性内容在跨国网络的建构中最为重要，但揭示网络关系在政治动力、领导力和利益追求方面的工具性特征同样关键。对网络组织结构的工具性解读，最明显的莫过于网络的参与机制和“所有权”特征。成员在决定参与网络的程度之前并不是网络的一部分，其参与程度直接取决于成员参与网络所得到的回报。而回报程度的差异则决定了参与程度的不同，进而引发网络中角色的不对称。

然而，网络组织形式的战略层面也不应该被过分地强调，因为它既受到网络内部不断变化的有关成员利益讨论过程的调节，同时也受到共同原则和价值观等初始背景的影响。从这一点来看，成员应该同时被视为利益相关者和股东。它们是利益相关者，因为它们在进入网络之前，或者作为网络内部讨价还价的结果，持有一些一般性原则和价值观，而这些原则和价值观与它们在全球政治斗争中的具体利益有关（这是网络关系中的道德方面）。然而，它们也是股东，因为它们会根据自己特殊利益的满足程度来决定网络参与的程度（这是网络关系中与战略和权力有关的方面）。在以结果为导向的考量下，战略性和规范性内容得到了平衡，根据这种观点，获得具体收益和建立可信度是支撑网络力量存在、增长以及提升合法性的重要因素。

跨国网络的特点是有一套共同的信念和价值观，这决定了参与者的政治认同（Keck & Sikkink，1998）。跨国网络既依赖于共同价值观，同时也是在不同国家的组织中建立共同价值观、身份认同、相互信任、共同愿景和战略的关键组织工具（Risse-Kappen，1994；Schulz，1998）。与国家面对的情况不同，跨国网络中的成员最初并不共享一套相同的问题框架、政治文化或行为方式，它们一般也不共享同一种语言。在国家范围内，共同的语言、文化和经验使集体行动的启动更为容易，它既涉及组织，也关乎个人，同时具有高度非正式化的模式和模糊的边界。而在全球范围内，国家内部的这种共同性并不是理所当然的，它必须通过拥有大量资源的组织进行有意且长期的努力来慢慢建立。就全球问题而言，问题的复杂性和采取行动所需的资源是全球行动主义领域推进的主要障碍。跨国网络则是减少这些障碍的主要方式，它使人们能够更广泛地参与全球运动。

就跨国非国家行为体所采取的具体行动而言，多年来，随着一系列行动的开展，它们发展出了不同的行动形式。从传统的街头示威到最近的广场占领，从传统的游说到对政府代表团的“渗透”，再到技术上更先进的邮件轰炸与邮政罢工等，从传统的抵制到对激进分子的认证，从和平主义的个人干预到公开指责，跨国网络采取的政治行动形式已经五花八门。

一般来说，非国家行为体的主要政治活动包括传播信息，教育、影响大众媒体，以及提高公众意识，但同时也包括诸如提供服务、技术培训或者建设替代性市场的行动。在这种情况下，所有可以依托互联网展开的行动都变得越来越重要。

就具体行动而言，非国家行为体与公共权力之间一般有三种不同的互动模式：（1）以融合为目的，对现有权力安排的接受、整合乃至笼络；（2）以改革为目的，来自外部的批评性对话；（3）以彻底变革为目的的拒绝和冲突。融合模式和批评性对话模式的意义在于，它们为从政治进程内部和外部重新构建制度话语提供了可能性，而拒绝模式则会引发政治抗议。例如，在欧洲层面的政治辩论中，我们很容易找到这三种类型：欧盟支持者属于第一类，具有批评精神的欧洲人属于第二类，而欧盟怀疑论者则属于第三类（Della Porta & Caiani，2009）。

在跨国层面，一个特别重要的行动方式是社会运动（campaigns）。它们主要由全球性、国家性和地方性的各种协调活动构成。通常情况下，全球性社会运动需要一个明确的信息，以便激发活动家、支持者和同情者对所谓不公正的反对，并塑造一个明确的指控的对象或团结一致的受害者。在全球性社会运动中，社会运动往往通过网络实施，而国家或地方性运动则由其附属组织或下属网络来实施。一个成功的社会运动需要正确选择行动方式、动员水平和动员目标，以最大限度地提高对“内部”选民和外部政治进程的影响。

在过去的几十年里，有许多社会运动都成功地影响了全球政治。主要的例子有：建立国际刑事法院（ICC）的社会运动（1995 年），推动《国际刑事法院罗马规约》批准的社会运动（1998 年）；第三世界的禧年债务运动（the Jubilee Campaign）（1996 年），它促使债权国和国际货币基金组织考虑采取措施，减少重债国家的债务；国际禁止地雷运动（1992 年）推动了在渥太华召开的政府间会议以及同名条约（《渥太华禁雷公约》）的签署（1997 年）；此外，类似的社会运动还推动了联合国大会暂停使用死刑决议（2007 年）、联合国《儿童权利公约》（1989 年）和《联合国土著人民权利宣言》（2007 年）的出台。在商业领域，有推进知识产权承认的社会运动（Sell & Prakash，2004），以及倡导养老金计划私有化的社会运动（Orenstein，2008）。目前正在进行的社会运动，仅仅举一些例子，主题包括环境正义、承认性别和妇女权利、小型武器、艾滋病/艾滋病毒、宗教自由和食品安全等。历史上的其他重要的社会运动则包括反对种族隔离、反对多边投资协定（MAI）（1998 年）、针对钻石市场规则的金伯利进程（1998—2005 年）以及印度讷尔默达河谷地（Narmada Valley）的反对水坝建设等运动。

非国家行为体并不总是通过单独的行动来追求它们的目标。越来越多的国际机构和国家政府都在与它们发展合作关系。

国家和非国家行为体的关系

在过去的几十年间，公共机构和非政府行为体之间的关系有着明显的发展。然而，它们之间的互动却没有得到公众足够的重视，其影响也一直被低估，甚至干脆被忽视。虽然追求的目标不同，但政府行为体和非政府行为体正越来越多地以相似的方式产生重要影响，尽管这种相似性并不稳定。这种日益紧密关系的后果在于，它影响着我们熟知政治体系的基础。政治（尤其是国际政治）体系的本质也因此发生了深刻转变。激烈的转变会带来社会与政治的发展，但同时也可能意味着严重的政治代价。正是在这样一个能够在国际层面促进发展、巩固公民行动主义的政治环境中，我们需要把公共机构和非国家行为体之间伙伴关系的兴起视为公共机构和私人行为体之间的一种特殊关系。而且，这两类行为体之间的关系是多样化的。在一个极端，民间社会组织可以由政府（所谓的 GO-NGO）或国际组织（所谓的 IO-NGO）创建。在另一个极端，这些民间组织可能最终构成对公共机构的威胁，并与之暴力相向。而伙伴关系则正好位于单向游说和非正式对话之间。下面的章节将对伙伴关系进行专门讨论。

在全球政治的复杂体系中，政府和非政府行为体之间的关系已经变得越来越核心（Marchetti，2016c）。国家与非国家行为体的接触也越来越多地在国家层面上得到实践（Marchetti，2016b）。很明显，这代表着经典威斯特伐利亚式主权观念的转变。20 世纪末，凯克和斯金克完成了一项著名的有关回旋镖效应（boomerang effect）的政治动力研究（Keck & Sikkink，1998）。其假设是，我们不再生活在孤岛之中（尽管我们曾经在那里生活过）。如果一个群体在国家决策的过程中被边缘化，它可以向外部行为体（无论是非政府组织、外国政府还是国际组织）呼吁，让它们向本国政府施加压力，以帮助它们打开进入国内决策过程的渠道。这是一种由内而外的动力。但现实情况比这要复杂得多。还有一种由外而内的动力，是由外部行为体（非政府组织、国家或国际组织）在一个国家内部推动具体的政策改革：如果它们不能成功说服一国政府，它们就与当地的民间社会行为体等结盟，以便自下而上影响该国政府。这是我们经常看到的第二种政治动力。此外，我们应该记住至少还有第三个重要的机制：由政府主导的由内而外。国家政府本身可以依靠外部的支持来制约内部的反对力量。

国家政府与非国家行为体之间的伙伴关系是混合外交或公共外交的核心。对于公共外交，以一种最简单的方式来说，它是由政府开展的行动，其目的在于与另一个国家的公民展开互动。在这一点上，公共外交与二轨外交（track Ⅱ diplomacy）的概念相吻合。近年来，我们看到美国和欧盟加强了公共外交的行动。公共外交超越了传统的政府对政府的外交，通过公共外交（即政府对另一个政府的民众），政府试图影响另一个国家的公民，以促进它们自身外交政策目标的达成。在实现公共外交目标的不同手段中，有两项特别突出：通过互联网的直接行动和通过非国家行为体的间接行动。通过互联网，特别是新媒体，政府如今能够打开一个与外国公民互动和直接沟通的渠道，其目的是收集信息以改善其外交政策，并提供非介入性帮助。通过民间社会，无论是地方性组织，还是在一国拥有总部的国际非政府组织，政府不仅能够在当地提供服务，同时还能在当地社会中促进符合其愿景和利益的变革。

事实上，边界是存在漏洞的（目前在地中海和巴尔干地区的难民潮进一步证明了这一点）。许多东西都可以跨越边界：思想和信息、移民、难民和被贩卖的人口、外国投资和洗钱行为、政治支持和恐怖主义网络、传统武器和网络犯罪、污染和流行文化。而政治角度的问题是：什么才是合法的边界跨越？思想、人员、金钱、政治支持、武器——它们在跨越国界时都没有百分之百的合法性，但是它们都或独立或频繁地在其他国家的帮助下跨越了国界。我们正处于一个过渡时期，在过去 20 年里，这种情况愈演愈烈。但对于如何处理这个问题，我们并没有明确的政治标准。在此只需思考一下乌克兰、叙利亚……在所有这些案例中，冲突各方都谴责来自外部的影响。所有的主要行为体都这样做去施加影响，但所有的主要行为体又都谴责它。我们所处的世界肯定是复杂的，权力政治肯定是多元的、混合的。因此我们需要重申：我们不再生活在孤岛之中（尽管我们曾经在那里生活过）。在这种情况下，尽管存在争议，在今天的全球政治中，多边和双边伙伴关系仍然构成了一个核心要素。

在过去的几十年间，全球治理为非国家行为体提供了影响国际层面公共决策的新契机。非国家行为体以各种不同的形式出现在国际政策进程的每一个阶段——议程设置、政策制定、政策执行、政策监督、政策评估。在智库和利益集团的初步协商中，在欧盟治理的众多议程设置中，在原住民和农业团体参与联合国粮食及农业组织（FAO，简称粮农组织）对世界粮食安全委员会（Committee on World Food Security）的改组中，在不同的私营标准制定机构如国际证监会组织（IOSCO）或互联网名称与数字地址分配机构中作为专家，在包括慈善基金会、基层组织（grassroots organizations）和公司在内的混合型全球倡议中——如全球抗击艾滋病、结核病和疟疾基金——作为利益攸关方。它们通常以公私伙伴关系（private-public partnerships，PPP）的方式，积极为国际公共政策提供资金支持，并推动大量国际公共服务落地；它们同时积极参加救灾、发展援助和民主促进等活动，对众多国际公共政策进行监督和评估，如人权方面的政策。如果考察它们的政治意义，仅谈一点，它们可能会在那些不那么正式或者更具争议性的环境中出现。在这些环境中，政府和非政府行为体之间的关系同样紧张。只要考虑一下叙利亚或乌克兰的冲突，以及叛军、战斗人员和恐怖组织在其中发挥的灰色作用，这些组织往往具有强烈的身份同一性特征或宗教意涵。“民间”和“非民间”社会无处不在，尽管它们的政治参与通常存在争议，但是它们有时却发挥着决定性作用。

解决复杂性全球挑战的方案已经越来越多地被认为存在于多方利益相关者的网络之中，其基础是自发合作、基于所有权的参与、权力分享、更好的学习潜力，以及最后的共同行动（Hemmati，2002）。它们建立在具体的问题之上，在形式上与传统政策存在差异。这是一个基于互惠（横向协调 vs 等级制度）和平等（集体决策、信任和相互尊重 vs 霸权）的模式（Pishchikova，2014）。通过提供物质和公共支持，公私伙伴关系的发展同样是为了“拯救”公共机构。事实上，这种伙伴关系不仅有望改善公共机构对公民需求的理解，从而提高信任，而且还能为公共投资提供其所需的私人资本。因此，这也被认为是政策遵守（compliance）方面的一个关键成就。

近来，国际政治的关注焦点转向了监管政策（regulatory policy）。作为促进公共利益的工具，监管政策旨在让人们意识到，利益相关者的参与对于充分识别、实现和评估公共产品至关重要。利益相关者的思路框架来自企业管理理论（Freeman，1984），它认为除了传统的投资者—供应商—员工之外，还有许多不同的行为体参与到了公司的整个运作之中，并以获利为动机。因此，不存在预先分配的与行为体有关的优先权。在这里，利益相关者被定义为“能够影响组织目标实现，或被其影响的团体或个人”(Freeman，1984，p. 46)。在政治领域，这往往与新型公共管理和参与式民主之间的辩论有关（Alemanno，2014；Vaillancourt Rosenau，2000）。在这种情况下，多方利益相关者的参与，不仅提高了大量不同行为体的参与程度，同时还能够产生不同的收益。这有助于公共机构掌握公民的需求和偏好，因而有望激发公众对公共政策更大的信任。但是，监管政策不仅要考虑收集信息和资源时的投入合法性（input legitimacy）问题，同时也要关注政策遵守方面的产出合法性（output legitimacy）问题。没有公众支持的决策，得到遵守的程度低，遭到抵制和抗议的程度高。

全球治理的框架允许各种不同的政治行为体（所谓利益相关者）参与其中，由于它的开放性特征，它为非国家行为体的存在创造了重要的空间。此外，权威概念向胜任能力（competence）、基本能力（capacity）或行为体的道德原则的转变，以及规范说服能力重要性的不断增长，这些都有助于为非国家行为体创造一个特别有利的环境，使它们意识到自身的地位优势，进而通过其“软”能力为决策过程和公共政策的实施做出贡献。

在多边主义框架下，利益相关者方法最早兴起于 20 世纪 80 年代的公共管理研究和参与式民主研究，随后在 1992 年的里约会议（全球环境首脑会议）上被政治性地提出（Nelson，2002；

Willets，2000)。为了追求政治目标，联合国、欧盟以及众多国家的政府都已经和非政府行为体建立了紧密关系。因此，通常所说的一轨外交（track Ⅰ diplomacy）（即从政府到政府，或政府间）已经发展出了其他形式的外交。二轨外交（从政府到外国民众，例如通过互联网的公共外交）、三轨外交（track Ⅲ diplomacy）（不同国家的非国家行为体之间，如跨国网络）和混合外交的兴起，让我们看到政府、国际组织、民间社会和其他私人行为体在社会运动中走到了一起。

只有当公共机构和非国家行为体的利益重叠时，它们之间才会出现富有成效的互动。在过去的几年内，这种重叠变得越来越频繁。很重要的一点是，从和平建设任务到发展与监测的项目，国际组织正在向非国家行为体让渡其功能，同时这种让渡也是后者自身努力的结果。这种互动的一个具体表现形式是混合型国际伙伴关系（hybrid international partnerships)。在最近一段时间，这种伙伴关系十分常见，而且有人认为“20 世纪的最后 10 年被称为伙伴关系的时代”（Pattberg，2005，p. 591)。

混合型国际伙伴关系可以被理解为公共和私人行为体之间为治理目的而进行的制度化跨界合作互动（Boerzel & Risse，2007，p. 199；Schaferhoff，Campe & Kaan，2009，p. 455)①。

① 根据博采尔和里塞的观点，公私伙伴关系排除了私人跨国行为体之间的协议，这些协议：(1) 基于（市场）自我协调；(2) 构成了私人行为体之间的自我监管（即私人制度）；(3) 产生预期之外的公共产品和服务（如评级机构）或提供（以犯罪为导向的）坏的公共产品（public bads）(Boerzel & Risse，2007)。

伙伴关系是一种政策工具，其基础是信任、利益共享和双赢原则——也就是说，每个行为体都明白，对方的加入对实现共同目标至关重要。这样，跨国公司需要民间组织（Pattberg，2005），民间组织亦需要跨国公司（Austin，2000；Heap，1998），同时政府和政府间组织也需要跨国公司和民间组织，反之亦然（Witte，Reinicke & Benner，2000）。在国际关系的术语中，公私伙伴关系构成了跨国关系的一个子集，即至少有一个行为体是非国家行为体时的跨边界常规互动（Keohane & Nye，1971，pp. xii-xiii）。公私伙伴关系可以发挥四种主要功能：议程、规则和标准的制定，成员授权（比如通过知识分享），政策执行，服务提供——最后一种一般被认为是最常见的类型（但没有这方面的确切数据）。

与政府间制度一样，这类政策伙伴关系也可以提供集体产品（collective goods），从而降低交易成本，并减少不确定性（Keohane，1984）。事实上，伙伴关系不仅可以产生法规，而且能够在整个政策周期中为投入提供机遇，同时它也可以扮演论坛的角色，协调和解决冲突、传播知识、组织学习和对遵约状况进行第三方验证（Pattberg，2005）。多方利益相关者伙伴关系的产生通常针对具体的问题，其形式与传统政策不同，而是基于合作优势的理念。由于结果不能单独实现，在特定的伙伴关系中，产生的结果要比单个组成部分产生的价值大，即所谓的协同报偿（synergic retribution）。这样一来，利益相关者可以在结果中分享利益，并展示一定程度的所有权，同时还作为风险的承担者

(Clarkson，1994)。除了作为基本问题的准入（access）问题外(Sommerer & Tallberg，2016)，利益相关者的参与程度通常是按照其包容性程度来进行评估的，包括公众沟通、公众咨询和公众参与度。面对来自公众的挑战，其解决方案最终要从相互依存原则自身中寻找，并参考混合网络有效解决问题的能力（Brinkerhoff，2002a，2002b；Hemmati，2002；Warner & Sullivan，2004)。在一般认识里，上述理解被认为是理所当然的。但是有争议的是，在实践中，为什么伙伴关系会在某些部门中出现，而在另一些部门中缺失。

为了说明为什么在国际层面上会出现混合型合作伙伴关系，人们提出了许多不同的解释。传统的解释是以功能主义为核心展开的。根据这一观点，混合型伙伴关系被理解为对国家或市场无法满足系统性需求的回应。事实上，它们是对国家和市场失效的回应。通过汇集资源、技能和专业知识，努力解决全球和区域问题，混合型伙伴关系有望提高政治系统解决问题的能力，进而提高其合法性。

另外，有一些理性选择的解释表明，混合型伙伴关系并不是由需求驱动的，而是由供给驱动的。这种解释认为，伙伴关系取决于更强大的私人行为体和公共机构的具体利益。这样一来，伙伴关系就不只是治理赤字的问题，而是潜在行为体的利益问题。这种令人耳目一新的观点来源于：通过伙伴关系，参与治理的行为体可以获得额外的手段，以解决诸如财政资源、技术专长或政治合法性缺乏等问题。这种观点认为，伙伴关系是权力地位的副产品，同时也是增强权力的工具。自由主义者认为，伙伴关系是一系列独立行为体之间讨价还价的结果。根据这种基于利益的观点，发展合作是为了获得共同收益，特别是在政府行为体对公共产品和政策法规供给有限的情况下。这是一种基于合作的讨价还价，并且通过成本收益分析的积极激励来确保遵约。相反，现实主义和马克思主义范式都倾向于认为，伙伴关系中的成员资格不是自由签订的，而是由强大的行为体强加的。即使影响的方式是间接的，它们也能够施加其政策偏好，只不过它们发现通过政策伙伴关系的形式施加影响更为合适。现实主义者倾向于认为，国家是引入非政府行为体（无论是否以获利为目的）的关键角色，其目的在于增加国际影响力。在这种以权力为基础的观点中，遵约是通过自上而下（正式和非正式）的制裁，以等级制的方式实现的。而马克思主义者，特别是新葛兰西主义者认为，作为领导的强大私人行为体能够与公共机构联合，并通过这样的方式使公共机构适应企业利益，换言之，通过有效地操纵公共机构以达到私人的目的。

自20世纪80年代初以来，公共机构对民间社会重新产生了兴趣，这其中有众多具体原因：(1) 当时公共机构正经历政治上的困难时期，需要加强其合法性；(2) 由于资金减少、职能私有化和内部能力缺失，公共机构需要物质和智力支持，而将这些职责分包给非政府组织是满足这些需求的最佳方案；(3) 公共机构正在寻求政治伙伴，从这个角度来看，建立混合联盟是可行的途径；(4) 一些公共机构认为，支持非政府组织以及与民间社会的其他力量进行批评性对话实为必要，因为这是重振政治体制民主可持续性的一项关键机制。简言之，从这种伙伴关系中，国际组织可以获得如下重要收益：

- 通过推广所有权，获得更多的外部合法性（这在公共机构普遍丧失信誉时尤为重要）。
- 在政治计划中获得外部盟友。
- 获得物质和财政支持。
- 获得基于具体技术的、地方的、社会的、政治的专业知识与技能。
- 基于以下假设，提高有效性：相比于其他的行为体，非国家行为体被认为可以更好地接触偏远社区，能够更好地促进参与和创新，并且以低成本运作。
- 克服内部的官僚主义障碍，并且具有更强的政策创新的能力。
- 有可能在确保成果按期兑现的前提下，以低价将任务外包。

但是，我们也不能放弃这样的假设：国际组织之所以选择接触非国家行为体，其原因可能在于它们本身就认可那些支持民间社会的规范（也许这是非国家行为体自身游说活动的结果）。许多政治家和政府官员可能确实相信民间社会对政治制度的可持续发展至关重要。

出于所有这些（截然不同的）原因，并通过这些不同的方式，大量国际组织都支持将非国家行为体纳入自身的决策过程。

其中，联合国发挥着指导性作用，积极推动国际组织与民间社会在全球治理中的合作。尽管形式不同，联合国正显示出向民间社会（即所谓的利益相关者）不断开放的迹象（United Nations，2004）。其中，至少有五种机制值得说明。第一种机制已经被联合国采用多年并且发展成熟，是纳入利益相关者的经典方式，即与非国家行为体进行协商。第二种与民间社会接触的机制是分包具体职能。第三种机制，最近才被观察到，涉及新近成立的非国家行为体的创建、融资、整合，或仅仅是赞助。第四种机制是混合型伙伴关系，我们将在后面详细讨论。最后，在过去几年中设想并实施的第五种机制是将非政府组织正式纳入联合国的决策过程。这是一个颇具创新精神的转变，因为它大大削弱了联合国的政府间性质。正是有了第五种机制，非政府行为体才得以在政府间组织内活动。在过去的 7 年里，有过两次这样正式吸纳非国家行为体的例子。2007 年，联合国艾滋病毒/艾滋病联合规划署（Joint United Nations Program on HIV/AIDS，UNAIDS）的工作中吸纳了非营利组织。另一个更重要的例子是，2009 年联合国粮农组织的粮食安全委员会（CFS）在工作中吸纳了非营利组织。

欧盟委员会与民间社会专家之间的互动也有着很长的历史，并且随着时间推移而改变和扩大。在 20 世纪 60 至 70 年代，委员会侧重欧洲经济一体化范围内的“磋商”（consultation），以及与以工业和农业利益集团为主的经济专家进行对话。后来，在 20 世纪 80 至 90 年代，委员会侧重在社会对话中与非政府行为体就安全、社会和教育等具体政策领域发展“伙伴关系”。然而，直到 20 世纪 90 年代末至 21 世纪，人们的注意力才转向了“参与”本身和参与式民主（participatory democracy）等概念。欧盟的《欧洲治理白皮书》为这类合作制定了框架（European Commission，2001)。而 2001 年的莱肯首脑会议（Leaken Conference）则成为非国家行为体参与欧洲治理的实质性里程碑：它首次将民间社会的代表纳入欧盟宪章和公约制定的工作之中。至此，欧盟政策的形成过程已经超越了传统的政府间思路，它如今包括自愿的、非正式的、包容的和参与性协调形式，进入了所谓的欧盟多层治理的新时代。

美国也有关注非政府行为体的悠久传统，这些行为体被认为是美国软实力的核心组成部分。最近，终于有许多其他公共组织打开了与非国家行为体的沟通和互动渠道。

以非国家行为体为思考起点，人们提出了一系列不同的观点来解释它们为什么要与国际组织进行合作。通过与公共机构建立准制度（quasi-institutional）关系，非国家行为体能够获得诸多明显的优势，包括：外部认可和合法性、获准进入外交圈、影响决策过程的能力、资金、新知识、外部政治支持（例如回旋镖效应)，同时还有更多的服务和咨询工作合同（就像商业行为体为了赢得招标，或者为了进入新的市场而加入公私伙伴关系那样）。

尽管存在这些利益驱动的因素，但是我们也不能轻易否认来自建构主义的假设。根据建构主义的观点，非国家行为体与国际组织接触可能是长期社会化的结果。民间社会，特别是那些赞同主流自由主义范式的民间社会，会认为与公共机构合作是正确且“自然”的，这与它们可能从这种伙伴关系中获得任何特定的利益或好处完全无关。近几十年来，在这种范式下，一个特定的支持民间社会的参与性规范（participatory norm）得到了巩固，并在其中产生了一个新的框架。正是在这个框架中，许多非国家行为体的身份认同得以发展。同时，这种规范积极欢迎非政府组织，并在一定的程度上接受社会运动，特别是它认可了非国家行为体在合法性和（成本）收益方面的潜力（所谓“新政策议程”）。虽然每个框架都以略微不同的形式提出了各自的规范，但其核心原则仍然是相同的：非政府行为体应该在国际和跨国层面的决策机制中拥有发言权。这种将非政府行为体视为国际层面的政治实体的新概念是革命性的。直到几年前，认为非国家行为体与国际关系相关仍然不可想象。然而，正如雷曼所论述的那样，在 20 世纪 80 年代，这种新的规范开始在国际发展领域出现，随后在 20 世纪 90 年代开始在联合国系统内实现制度化。因此，民间社会与私营部门一起被视为失去法律地位的（delegitimized）国家和政府间组织的正当（有时甚至是不可缺少的）职能伙伴（Reiman，2006，pp. 59 - 60）。今天，即便没有得到绝对的倡导，这种观点也得到了越来越多的接受。正如前面提到的，联合国和欧盟在许多方面都认可了这一准则。

第二章　城市的世界

人口与经济趋势

我们至少可以从三个不同的角度来理解城市：(1) 一个人口聚集的地区。在这种理解中，我们用“都市”（urbs）一词来指代地理学和城市研究中人们生活和工作的区域。(2) 一个社会复合体。在这种理解中，我们用“社区”（civitas）一词来指代社会学和经济学中的公民的集合体。(3) 一个制度的集合体。在这种理解中，我们用“城市”（polis）一词来指代政治学和法律中的政府形式。在本书中，我们倾向于关注城市的第三种含义，而其他两种含义将作为讨论的组成部分被涉及。在本书中，“城市市区”（city proper）指的是城市的行政边界，因为城市外交的行动主要是由其行政部门来进行的。有时，从政治角度来看，与其他地方政府（如省）一样，城市也被称为非中央政府（non-central governments，NCG）。

与由小型村庄和广大自然环境组成的农村地区不同，城市区域（urban area）被认为是一个具有较高人口密度，建筑环境中有相关基础设施的人类居住区。从规模上来说，什么能够算作城市，这在不同的国家有着很大区别：根据美国人口普查局或其他国家统计局的标准，我们对城市的定义可能有意义，也可能没有意义。然而按照惯例，我们可以将城市定义为中心城区居民人口超过5万的地方。任何比它小的地方则是一个镇（town）、一个村落（village）或一个小村庄（hamlet）。如果城市的居民人口低于10万，则被归类为小（small）城市。如果在10万～25万之间，则被认为是中等（medium）城市。如果在25万～50万之间，则是大（big）城市。如果在50万～100万之间，则为巨大（XL）城市。如果在100万～500万之间，则是特大（XXL）城市。如果超过500万，则被认为是全球（global）城市。然而，成为一个真正的全球城市，重要的不仅是规模，而且包括连通性水平（connectivity）。通常情况下，规模和国际化之间有一定程度的对应关系。超大（mega）城市是指居民人数超过1 000万的城市。严格来说，它们通常包括比城市本身更大的都市区。例如，一个城市群（agglomeration）包括一个中心城市和它的郊区（即一个连续的城市化地区），而一个集合城市/都市区（conurbation/metropolitan area）则是一个更大的城市群，包括一个核心城市外加卫星城市、城镇以及农村土地，它们通过经济社会关系、就业和通勤在社会经济上保持联系。和这些超级城市相对应，在历史上和当代，也有城邦（city-states）和微型国家（micro-states)。它们代表着一种特殊情况，即作为国家子单元的城市和领土较小的国家发生了重合。然而，这些政治实体是国际上公认的国家，不再保有地方政府的性质。如今，这些城邦已经完全成为国家，它们不再具有世界上大多数城市那样的二元性特征。虽然这种类型的城邦国家被一些人认为是国际事务的理想规范安排——一个国家消失，并被城市完全取代的世界，但它们并不是本书讨论的规范基础。在这里，我主要将城市视为一个更大系统的子单元，无论这个系统是国家还是更大的区域。

达武特奥卢对城市有一段精彩的论述。他认为，支柱型（pivot）城市是"都市文明意识的空间反映"（Davutoğlu，2020，p. 35）。虽然很明显的是，在整个人类历史上，城市一直是人口、技术交流、经济关系、劳动分工和制度发展的核心产物，但"一旦超过一定阶段，已经成为超世代（supra-generational）文明熔炉的城市就会变得主观化（subjectivize），成为形塑生长在城市中一代代人的主体空间。而在这个连续体中发展起来的集体道德、集体意识和集体心态，则会将城市变成独立于其居民的历史驱动力。有什么能比雅典对希腊哲学的影响、罗马城对罗马秩序的影响、巴格达对早期伊斯兰复兴的影响、伊斯坦布尔对奥斯曼文明融合的影响、巴黎对现代性诞生的影响、伦敦对工业社会的影响、纽约对从现代性向全球化过渡的影响更大呢?"（Davutoğlu，2020，p. 47）。

城市在不断地扩张，而全球化的动力使它变得越来越强大（Borja & Castells，1997；Derudder，Hoyler，Taylor & Witlox，

2012；Khanna，2016；Knox & Taylor，1995；Massey，2007；Sassen，2000，2001，2002，2004）。这一现象被认为是当今世界两个典型特征城市化和全球化——的结果。自 1950 年以来，世界城市人口迅速增长，从不到 7.5 亿增长到 40 亿（United Nations，2018）。至今，世界人口的一半已经居住在城市之中，到 2050 年，城市人口预计将达到 60 多亿——大约是届时整个世界人口的 70%。2018 年，有 1 860 个城市至少有 30 万居民，598 个城市有 50 万至 100 万居民，467 个城市有 100 万至 500 万居民，48 个城市有 500 万至 1 000 万居民，33 个城市有 1 000 万以上居民（United Nations，2019）。

20 世纪的“城市转向”正处在持续发展之中，并将在未来几十年内沿着以下四条路线继续发展：（1）从欧洲和西方转向亚洲，然后是非洲；（2）中小型城市数量的增长，即人口超过 10 万、100 万或 300 万的城市*；（3）超大型城市的爆炸式增长，即居民超过 1 000 万的城市；（4）欠发达地区的加速增长（United Nations，2019）。因此，随着时间推移，世界上最大城市的排名也已经发生了深刻的变化。早在 1950 年，“只有”1 200 万人口的纽约市获得了第一的位置，而今天，东京—横滨这个城市群以 3 700 万的人口位居第一。在目前的城市群体中，最引人注目的无疑是亚洲新兴经济体中那些居于主导地位的城市：印度尼西

* 原文如此，此处与前文（第 52 页）中对中小型城市人口的界定（5 万～25 万）存在出入。——译者注

亚的雅加达、印度的德里和孟买、韩国的首尔—仁川、菲律宾的马尼拉、巴基斯坦的卡拉奇和中国的上海。唯一的例外是纽约市，它现在只排在第九位，而巴西的圣保罗排在第十位。

到 2030 年，这一排名估计会再次改变。东京应该会保持领先地位，而来自亚洲（中国的北京和孟加拉国的达卡）、非洲（埃及的开罗和尼日利亚的拉各斯）和北美洲（墨西哥城）的新选手预计也会加入排名之中。德里估计很快将成为世界上人口最多的城市。但未来几年的真正趋势应该是超大城市的崛起，这些城市的居民人数将超过 1 000 万。截至 2021 年，世界上有 36 个超大城市，预计到 2030 年将有 41 个*。今天世界上三分之二的超大城市都在亚洲，它们坐落在处于不同发展阶段的国家之中，从日本和中国到印度和印度尼西亚，还有韩国、菲律宾、巴基斯坦、伊朗和土耳其，以及泰国、孟加拉国和越南。其余的超大城市分别位于北美（美国和墨西哥）、南美（巴西、阿根廷和秘鲁）、欧洲（俄罗斯、法国和英国）和非洲（埃及、尼日利亚和刚果民主共和国），每个区域各有 3 个。如果我们顺着排名列表往下看，旧大陆的城市排名都很低。如果我们从广义上考察欧洲，即包括俄罗斯和土耳其，超大城市仍然不是一个普遍的现象。与亚洲和非洲城市不断增长的规模相比，欧洲城市（即使被认为是大都市）的规模仍然相当小——莫斯科：1 600万人；伊

* 国际公共政策顾问机构 Demographia 2022 年的报告显示，2022 年全球超大城市数量已达 44 个，新增的 8 个城市分别为重庆、西安、郑州、东莞、武汉、海得拉巴（印度）、利马和波哥大。——译者注

斯坦布尔：1 300万人；巴黎/伦敦：1 000万人；马德里：600 万人；柏林：500 万人；罗马：400 万人。

除人口规模外，作为全球化枢纽的经济功能是世界/全球城市（world/global cities）最重要的特征。在过去的几十年里，人们形成了某种共识，认为全球城市主要是伦敦、纽约和东京（Knox & Taylor，1995；Sassen，2001；Taylor，2004）。虽然“世界城市”（World City）一词的起源可以追溯到歌德，他将罗马和巴黎定义为“世界城市”（Weltstadt），因为这两个城市在18 至 19 世纪是世界上最重要的文化中心（Gottmann，1989，p. 62）。但是今天人们对全球城市的理解更多集中在经济层面，全球城市的名单变得更加“亚洲”。城市要想在国际上更有地位，就必须在全球范围内享有声誉，无论是在银行和金钱方面，还是在文化和知名度方面。经济和软实力被视为城市国际化水平的关键要素。

世界上大约 80%的 GDP 都由城市贡献。虽然城市的面积只占总土地面积的 2%，但城市群在全球经济中却有着不成比例的重要性。与此相关的其他一些指标也证实了城市在社会经济进程中的核心地位。例如，城市约消耗了全球 60%的能源，产生了全球 70%的温室气体排放和 70%的废物。此外，城市的预算比世界上许多国家都要大。例如，纽约市和东京市的 GDP 超过了西班牙、韩国和加拿大等中等国家的 GDP。墨西哥城和圣保罗市的 GDP 几乎比芬兰和以色列这样两个国家的总和还要多。而且东京的 GDP 接近整个日本经济的 1/3。

在全球化程度最高的城市名单中，不仅有大型和高收入城市，也有中小型和中等或低收入城市（Beall & Adam，2017）。虽然这些中小型城市不是金融节点（financial nodes），但它们却代表着服务生产和消费的中心，因此也是全球化的重要枢纽。传统的“全球城市”主要包括纽约、伦敦、东京，同时还包括巴黎、法兰克福、苏黎世、阿姆斯特丹、悉尼和香港，而新兴的“世界城市”则包括圣保罗、墨西哥城、孟买和首尔。JLL 城市研究中心提出了一个旨在衡量城市经济表现的三分法（JLL Cities Research Center，2015）：

> （1）成熟的世界城市（established world cities）：它们是高度全球化和具有竞争力的大都市经济体，拥有历史最悠久和最稳定的公司、资本和人才集聚。它包括“六大超级城市”：伦敦、纽约、巴黎、东京、香港和新加坡。
>
> （2）新兴世界城市（emerging world cities）：它们是大型或中型新兴经济体的商业和政治中心，并作为国际公司、贸易和投资的门户而发挥作用。这个类别包括上海、北京、伊斯坦布尔和圣保罗等。然而，在这个分类中，城市的形态和增长是不平衡的，例如：深圳、迪拜和班加罗尔正在以极快的速度实现全球化；雅加达、马尼拉和圣保罗在关键竞争力提升方面正取得显著的改善；但其他城市，如达卡，则在努力应对全球化带来的变化。
>
> （3）新世界城市（new world cities）：这些是小型或中型城市，拥有颇具吸引力的基础设施和良好的生活环境，并

有意专注于有限的全球市场。布里斯班、墨尔本和波士顿是典型的新世界城市。在这个分类中，许多城市拥有高科技、创新或研究能力，如维也纳、慕尼黑和特拉维夫。而巴塞罗那、柏林、迈阿密和开普敦则是文化、娱乐和旅游中心。大多数城市在各种“生活品质”和“可持续发展”指数方面名列前茅，并在吸引流动资本、公司和人才方面取得了明显的成功（例如奥克兰、哥本哈根、温哥华和维也纳）。

从世界城市到都市群岛

弗里德曼提出的“世界城市”概念对于将城市进程与全球经济发展联系起来至关重要（Friedmann，1986）。它包括一套关于全球新型劳动分工的空间组织假设。“功能性假设”指出，最大的都市区的身份认同是由它们在世界经济中的联系所决定的，亦即由它们在世界经济中所发挥的功能所决定的。弗里德曼提到了这些城市的三个主要功能：作为总部、金融中心和国家（或地区）经济与世界经济的连接点。只有最重要的城市才能同时发挥这三种功能。“等级性假设”将城市解释为企业组织生产和营销计划的场所，这种等级论将一级城市（如东京、纽约、新加坡和圣保罗）与二级城市（如首尔、布宜诺斯艾利斯、加拉加斯和米兰）区分开来，区分的标准参考它们作为金融中心的突出地位、总部数量、国际机构数量和居民人口。这种区分方式可以通过核心/半边缘的二分法得到进一步说明。此外，在弗里德曼看来，世界城市还发挥着全球控制的功能，这反映在其生产部门和就业的结构与动态上，如国际金融、保险、通信和广告部门。在这些城市中，就业由两方面构成，即高度专业化的专业人员和低技能的劳工。世界城市是国际资本集中和积累的主要场所，是大量国内和/或国际移民的目的地。最后，根据弗里德曼的观点，世界城市的形成将工业资本主义的主要矛盾凸显出来，比如空间和阶级的分化。在这种情况下，社会成本往往以超出国家财政承载力的速度增长，而预算的分配则倾向于反映权力的平衡状态，即努力向上层阶级倾斜（Friedmann，1986）。因此，世界城市被认为是生产和市场扩张的最终权力中心。最关键的是它们在全球经济中的整合模式，以及资本赋予城市的空间主导权，这种主导权从全球到多国，从国家到地区，表现形式不一。城市是金钱、劳工、信息、商品和其他经济相关要素流动的中心，并可以将其邻近地区连接到全球经济体系之中。因此，世界城市可以被概念化为全球经济体系的组织节点。这种观点尤其重要，因为它提供了一个超越国家边界的城市间关系的新形象（Friedmann & Wolff，1982）。

瑟森提出的“全球城市”（global cities）概念是在全球化的背景下对弗里德曼关于世界城市假设的总结与评估（Sassen，2001）。在她看来，全球城市是城市历史上第一个全球服务的中心。当前经济全球化的特点是经济活动在地理上的分散，以及同一时期随之而来的整合。这种现象导致了以全球枢纽为中心的核心企业功能增加与重要性增长。由于这些核心职能具有复杂性，它们需要被分包给各类专业化的服务公司，而这些公司往往集中在信息和服务密集的特定地区。之所以集中，是因为它们提供的服务具有复杂性、市场不确定性以及重视时效性等特点。这些公司往往聚集在战略要地——全球城市，因为它们可以在这里享受众多优势资源，例如大量的信息和知识、快速运输、良好的通信基础设施和创新环境。值得一提的是，这些全球城市通常可以提供相当不错的生活品质（包括稳定的政治和经济环境），能够吸引来自国外的高级技术劳工，比如管理人员、专业人士和外交官。

城市网络（networks of cities）是在附属关系或其他类型伙伴关系日益扩散的情况下产生的。从学术角度来看，瑟森将（根植于全球城市的）全球经济的战略功能与民族国家的整体商业经济脱钩。具体来说，她认为全球城市部分嵌入了民族国家，并构成了后者一个独特的子部门。虽然弗里德曼的世界城市被认为是相互独立的，但根据瑟森的观点，并不存在单一的全球城市，因为它的意义来自网络本身，而网络又构成了全球经济中真正的权力空间。因此，城市被想象为跨国网络中的节点，该网络将全球城市中经济最发达的那一部分联系了起来。这样一来，城市的财富就脱离了它们的土地和国家经济，而直接与全球转型过程联通（Sassen，2000）。城市间关系受到横向组织的特定原则制约（Taylor，2012b）。网络系统中行为体之间的关系受合作原则支配；而等级系统中的关系则以依赖和竞争为特征（Powell，

1990)。城市间关系大多由合作和互惠的网络构成。每个城市都需要其他城市的存在，而所有这些城市都希望自身所处的网络繁荣。这就解释了弗里德曼关于全球城市等级制度的假设（世界城市为提高其特殊的统治地位而奋斗）和那些支持瑟森以及连锁网络模型（interlocking network model）的文献之间的区别。

然而，在城市间的关系中，仍然存在某些纵向关系。泰勒至少强调了其中的三种情况（Taylor，2012b)。第一种情况是政治进程主导了网络中的关系。他提供的例子是现代世界，其中民族国家将社会空间领土化，从而在国家内部造成了强大的城市等级制度，这种现象在20世纪非常突出。第二种情况是所谓的“门户之争”（gateway battle)，即一个地区或国家的经济能力只允许一个城市作为该地区或国家与世界其他地区之间的连接点（即“门户”)。这就是圣保罗取代里约热内卢、多伦多取代蒙特利尔成为国家经济领先城市的情形。第三种情况是指历史周期循环。城市发展往往遵循经济周期：繁荣期之后是衰退期。在经济繁荣期，各城市相互合作，相互增加经济财富；而在经济衰退期，竞争力量上升。这就是中世纪晚期意大利北部发生的情况，其中只有四个城市（热那亚、米兰、威尼斯和佛罗伦萨）成功地作为独立的行为体生存了下来。但是，这三种情况并非不可避免。事实上，正是行为体的行动导致了等级制度的压力。泰勒在最后列举了香港的案例。当香港的主权回归到中华人民共和国时，大多数分析家认为香港的经济实力将急剧恶化。而上海被认为将成为中国和世界城市网络的新连接点，新加坡则被认为将成为太平洋地区的经济支点。然而，令人惊讶的是，随着香港的高速发展，这种情况并没有发生，上海和新加坡在若干年内也并未成为新的支点。

从历史的角度来看，城市可以说一直处在一个联通的系统中，这个系统由物质流动、信息传递或其他种类的经济联系构成（Beaverstock，Smith & Taylor，2000）。任何城市的发展都离不开与外部世界的交易（Jacobs，1969）。一个城市总是意味着一群在贸易关系中纠缠不清的城市。在全球化到来之前，这些世界城市是它们所处互动区域的枢纽，而彼时的城市间流动与它们的人口规模相关。然而，随着信息技术革命的到来，这种互动关系在全球范围内得到了促进与扩大，从而构成了经济全球化的基石。因此，在一个全球性经济网络框架内，今天的城市在经济上相互关联，并且互相依存（Taylor，2004）。

我们可以确定九个历史上的区域性城市网络（regional city networks）（Taylor，2012a）：其中五个出现在东亚（主要在中国），两个在地中海地区，一个在欧洲，一个在洲际扩张之后黄金时代的伊斯兰世界。泰勒只考虑至少由 10 个城市组成，居民人口超过 8 万，且持续时间至少有 200 年的世界城市组成的网络。在人类的历史上，最早的东亚城市网络出现在中国，从公元前 5 世纪到公元前 221 年秦统一中国，彼时中国的城市化处于加速发展的时期。这个网络聚集了临淄、夏都、雒阳、大梁、宜阳、曲阜/鲁、燕下都、商丘、新郑、邯郸、吴、安邑、雍城和咸阳等城市（按人口规模递增顺序排列）。第二个东亚城市网络出现在公元 700 至 800 年的唐朝中后期。它聚集了长安、洛阳、广州、苏州、成都、绛州、幽州、汴州、平城京、平安京、逻些和鄂州。第三个出现在元朝和明朝之间（公元 1300 至 1400 年），它连接了如下城市：应天、杭州、北平、镰仓、广州、京都、苏州、西安、汉阳、开封、武昌、扬州、福州和泉州。第四个出现在公元 1500 至 1600 年，第五个出现在公元 1700 至 1800 年。前者包括北京、大阪、京都、杭州、南京、广州、西安、苏州、汉城、成都、骏府、长春、福州、开封和山口。而后者则包括北京、广州、江户、杭州、大阪、京都、苏州、西安、汉城、景德镇、天津、福州、佛山、成都、名古屋、兰州、上海、宁夏、长沙、宁波和开封。第一个地中海城市网络是在公元前 200 年至公元前 100 年发展起来的，当时罗马共和国统治了该地区。这一网络连接了亚历山大、罗马、迦太基、佩加蒙、安提阿、耶路撒冷、以弗所、阿帕米亚、基比拉和叙拉古。第二个地中海城市网络在罗马帝国时代（公元 200 至 300 年）展开，它连接了罗马、亚历山大、安提阿、迦太基、卡普亚、以弗所、佩加蒙、阿帕米亚、凯撒利亚、士麦那、开塞利、特里尔、米兰、埃梅里塔和尼科米底亚。伊斯兰城市网络出现在公元 900 至 1000 年，从伊比利亚半岛蔓延到中亚。它包括巴格达、科尔多瓦、福斯塔特/开罗、撒马尔罕、亚历山大、尼沙普尔、巴士拉、萨马拉、凯鲁万、布哈拉、摩普绥提亚、阿尔阿萨、塞维利亚、伊斯法罕、塔尼斯和雷伊。最后，唯一的欧洲世界城市网络于公元 1500 至 1600 年发展起来。作为现代化进程的第一个火花，这个城市网络连接了巴黎、那不勒斯、伦敦、威尼斯、塞维利亚、布拉格、米兰、波托西、巴勒莫、罗马、里斯本、根特和马德里。

我们可以在公元 1250 至 1350 年间发现洲际城市网络（intercontinental city networks）的雏形（Abu-Lughod，1989）。彼时，欧洲和亚洲之间货物贸易系统的一体化程度比以往任何时候都要高，从而催生出一个跨大陆的世界体系，其中城市是这一系统中最有经济实力的组成部分。阿布-卢戈德认为，此时存在一个巨大的"城市群岛"（archipelago of cities），由八个相互交错的区域网络组成，并通过贸易关系连接在一起。在群岛的西北部分，我们可以发现布鲁日与热那亚和威尼斯相连。这个纯粹的欧洲网络通过三条路线与亚洲相连：（1）一条从君士坦丁堡开始的陆路；（2）一条从开罗出发的海路；（3）一条从大马士革出发的陆路，然后与巴格达相连。从巴格达出发有两条备选的东线。其中一条是通过大不里士和撒马尔罕前往北京的陆路路线；另一条是通过亚丁、卡利卡特和马六甲前往杭州的海路路线。在阿布-卢戈德的系统中，中间的城市扮演着交换中心的角色。事实上，正是由于这个原因，作者选择了"群岛"一词，而不是"网络"。但是随着 14 世纪 40 年代黑死病的蔓延，这个世界群岛崩溃了，东西方之间大部分的贸易也都因此停滞。

世界城市网络（world city networks）出现在现代社会之中。卡斯特尔斯对世界城市网络的论述，是对支撑当代社会关系结构的一种整体性解释。根据他的观点，当代社会在一个由"流动"（flows）（资本、信息、技术、组织互动、形象等的流动）所衔接的空间内运作，这些流动产生了网络。而“网络构成了我们社会的社会形态”（Castells，1989，p. 500）。这种社会关系模式的出现与现代社会有关，特别是与通信和信息技术革命有关，因为它允许相距遥远的人进行互动。同时这种模式的出现也与经济全球化有关，因为它使得社会互动的规模和范围得以扩大，强度得以增加。这种新的社会模式有着不同的运行阶段，其中之一便是世界城市网络。卡斯特尔斯描绘了一个由流动而不是场所（places）组成的新空间。全球网络由不同强度和不同规模的城市（节点）连接，国家内部的区域和地方中心在全球层面上成为一体。这种连接是通过流动发生的，它允许信息、人员、知识和思想在它们内部和它们之间传递。与瑟森一样，卡斯特尔斯认为，城市永远与网络相连，并从网络本身获得意义。然而，卡斯特尔斯与瑟森稍有不同，他将这一主题扩展到了更多的城市，并且不论城市的大小，这一点超越了瑟森仅仅关注“领先城市”（leading cities）的观点。

连锁网络（interlocking networks）是综合性城市网络的一种特殊形式。目前的世界城市网络可以被解释为由三个主要元素组成的结构：（1）在网络层面上是世界经济，服务在其中得以分配；（2）在节点层面上是城市，为服务的生产提供知识；（3）在子节点层面上是商业服务公司，它们进行生产和提供服务（Taylor，2004，2014；Taylor，et al.，2009）。总而言之，世界经济是一张网，城市是节点，公司是子节点（subcomponents）。具有这种具体形态的网络被称为连锁网络，其中它的节点通过子节点而连接。泰勒引入作为新层级的子节点的原因在于，城市（节点）并不是参与世界城市网络形成和再生产的主要机构。相反，人们的注意力被吸引到了其他机构之中，即在全球范围内提供服务的商业服务公司，而这些公司在世界各地的城市中都设有办事处。因此，世界城市网络的形成是由世界范围内主要先进生产服务公司的共同区位战略所决定的。换句话说，城市间关系的本质应该被视为公司内部的办公网络（intra-firm office network）。尽管泰勒主要关注的是商业服务公司，但他指出，这些公司并不是唯一通过设立跨地区（multi-locational）工作点实现工作全球化的行为体。事实上，他还列举了其他“连锁”的例子，例如联合国通过其机构、国家通过其外交使团、非政府组织和媒体通过其办公室实现工作的全球化。上述四类行为体都可以在连锁网络中与商业服务公司实现互补。值得一提的是，与联合国机构联系最多的城市是日内瓦、布鲁塞尔、亚的斯亚贝巴、开罗和曼谷。拥有众多外交使团的城市是华盛顿特区、东京、伦敦、巴黎和纽约。而在非政府组织和媒体的全球网络中，整合程度最高的城市，前者是伦敦、日内瓦、华盛顿和内罗毕，后者是马尼拉、伦敦、纽约、巴黎、洛杉矶和米兰。除建立工作关系网（networking）外，城市的另一个重要特征在于它们的渗透性（porousness）。城市变得比过去更具渗透性，这是因为它们在更大程度上被卷入了跨国的、事实上是跨城市的流动。人员、资金、货物、大流行病、思想和武器都很容易进出城市。因此，城市对于跨国侵扰的敏感性问题已经成为全球城市研究文献的重要内容。

城市不能被封闭起来。城市与其他城市进行跨越国界的贸易和互动，越过了各自国家的官僚机构和政治制度。在这种情况下，城市不能被视为自我孤立的实体，而应该被视作流动的元素，它不断受到来自外部的影响，同时也在影响其他的外部行为体。

都市群岛（urban archipelagos）构成了一种特殊的密集型集群形式。与之前讨论的网络相比，群岛占据的地理空间较小。连通性是城市在当代世界得以快速增长的关键因素（Khanna，2016）。由于交通、能源和通信技术的发展，全球城市正在不断增长和扩大：在机场和港口的基础上，由数百万公里的公路、铁路、管道和高压电线组成的巨大国际基础设施，连接并调动了人员、资源、信息和资金。连通性和城市化的强大组合随之带来了都市群岛的发展，即绵延数百公里的巨大城市群。从下面的例子中我们可以感受到都市群岛的概念。日本拥有世界上最大的城市群：东京-名古屋-大阪。这一城市群拥有 8 000 万人口，在日本经济中占有重要份额。中国和印度紧随其后，围绕着北京、上海、香港-广州、德里和孟买的城市群不断发展。在美国的东北海岸，超过 5 000 万人生活和工作在从波士顿到华盛顿，再从纽约市到费城的地区。而美国西海岸的对应地区则位于洛杉矶和旧金山之间，硅谷当然也包括在其中。约翰内斯堡-普雷托利亚地区占南非国内生产总值的三分之一，并有大型跨国公司在非洲设立的办事处。埃及的开罗-亚历山大走廊是几乎所有埃及人居住的地方，同时也是埃及大部分经济活动发生的地方，而新的集群拉各斯-贝宁市正在非洲大陆的大西洋沿岸发展。其他相关的都市群岛包括德黑兰和伊斯坦布尔（及其周边地区）；阿联酋的“阿布-迪拜”地区；欧洲的大伦敦和莱茵-鲁尔地区。所有这些都市群岛都因其连通性和流动性而繁荣。据估计，到 2030 年，全世界将有大约 50 个这样的都市群岛。

全球化的引擎往往集中在都市群岛之内，其原因在于都市所拥有的区位特征。这些特征使它们能够成为最适合生产和交换货物、服务和资本的场所，因而也最有利可图。首先，城市是人力资本高度集中的中心，而人力资本又被城市提供的大量良好基础设施和便利环境所吸引。这样的结果是，城市内部有大量的劳动力，从廉价的劳工到受过良好教育的熟练技术工人；同时，这也意味着城市对各种产品有着大量需求，无论是制造业、服务业还是金融业。其次，城市是完善的交通基础设施和良好连通性的中心：在那里，我们可以看到各式各样先进的运输工具（如高铁、国际机场和设备齐全的商业港口），而且通常有高速互联网连接。这些特点不仅缩短了距离，为商业发展提供了便利，促进了信息的流动，还降低了生产和货物运输的成本，并且降低了金融交易的成本。再次，城市是创新和知识的中心。人力资本的集中增强了互动和交流的机会，特别是对于那些受过教育和专业培训的人。这些动力促进了创造性思维的发展，推动了创新，产生了知识外溢，并激发了新项目和新想法的出现。此外，先进电信设施的存在，获取信息渠道的可能性，以及研究中心和高等教育机构的集聚，都促进了知识的传播。最后，城市的特点是与政治圈更加接近，因为行政和管理机构往往都集中在那里。

今天的全球事务在很大程度上是由全球城市塑造的（Acuto，2013a；Massey，2007；Oosterlynck，et al.，2018；Sassen，2001）。随着人口和经济增长，城市的全球实力也出现了类似的上升（Ljungkvist，2015）。城市在国际上越来越活跃，它所做的是许多世纪以前自治市（comuni）所完成的工作（Guidoni，1992）。在某些领域，这一点尤其明显。正如欧盟前任地区政策专员、奥地利人约翰内斯·哈恩（Johannes Hahn）所说："在我们文明存在的大部分时间里，城市，而不是国家，一直是主要的角色，城市可能再次超越国家，成为欧洲的主要组成部分。城市必须成为我们计划的核心，以创建一个繁荣的、环境可持续的、没有任何公民被边缘化的欧洲。"（La Porte，2013，p. 85）基于软实力，城市能够在经济、金融、社会和文化进程中施加具有说服力的影响。可以说，全球城市在当今世界几乎发挥了"指挥和控制的功能"（Acuto，2010，p. 430）。

城市既影响全球化的进程，同时还受到全球化进程的影响。它们不仅是物品、服务、人员、资金和信息全球流动的积极组成部分，还是联合国、世界银行和国际货币基金组织等国际机构以及大型私营企业的政策对象。它们不仅影响人际关系和生活方式，还吸纳和执行全球的规范与规则。全球化已经将城市转变为当代世界关系中的具有战略意义的中介场所，特别是全球经济使城市成为世界范围内复杂网络的关键枢纽，超越了国家边界和南—北/发达国家—发展中国家等旧有的界限。全球城市现在不仅位于世界地图的北方，同时还位于地图的南方（或者说不仅位于“全球北方地区”，也位于“全球南方地区”），它们是全球化进程发生的实际空间。它们是国际流动的平台，提供商品和服务。同时，它们还是连接和促进社会互动和文化交流的重要集会和议事场所。

全球化的经济力量主要集中在城市，它的直接结果是使城市拥有巨大的财富和人口。2021 年，城市对世界 GDP 的贡献约为 80%。此外，54.5%的全球人口生活在城市之中，预计到 2030 年这一比例将增长至 60%以上。如果我们仅仅关注 300 个最大的都市区，我们会发现它们贡献了世界 GDP 的 49.1%、世界人口的 24.1%和世界就业人数的 23.3%（Brookings Institutions，2018）。除此之外，城市已经成为国家经济最重要的组成部分。无论是在发达国家还是发展中国家，城市的经济增长率都大大超过农村。例如，在 2011 年，东京和伦敦——分别占日本和英国总人口的 26.8%和 20.3%——占各自国家 GDP 总量的 34.1%和 26.5%。另一个令人印象深刻的案例是都柏林，它以 25.9%的人口创造了爱尔兰 32.8%的 GDP（United Nations Human Settlements Programme，2011）。更加不平衡的情况发生在发展中国家。例如，在 2008 年，布宜诺斯艾利斯以 32.5%的人口创造了阿根廷 63.2%的 GDP，内罗毕以 9%的人口创造了肯尼亚 20%的 GDP。上海、马尼拉、巴西利亚、开普敦、卡拉奇和内罗毕的 GDP 贡献比例比它们的人口份额都高出 1 倍以上，而在亚的斯亚贝巴，这一（高出部分的）比例超过了 3.6 倍。最令人印象深刻的是金沙萨和喀布尔，它们的 GDP 贡献比例比其人口比例高出了 5 倍以上（United Nations Human Settlements Programme，2011）。同样在经济增长方面，国际化程度高的城市，它们的 GDP 增速也超过了它们各自的国家。城市越大，越国际化，其经济增长就越快。通过对 300 个大型城市的经济增长与全球经济增长进行比较，我们发现，从 2014 年到 2016 年，最大的那些都市区在实际 GDP、人均 GDP 和就业方面的扩张速度远远超过了全球经济的发展速度。

第二部分

外交活动中的城市

城市在世界舞台上的存在感越来越强，它们不仅成为全球经济的中心与驱动力，同时还是全球事务的参与者（Acuto，2010，2013a，2013b；Acuto，et al.，2017；Amiri & Sevin，2020；Barber，2013；Chan，2016；Curtis，2014，2016；Gutierrez-Camps，2013；Hocking，1993；Hocking，et al.，2012；Leffel，2018；Terruso，2016；Tuirán Sarmiento，2016；Van Der Pluijm & Melissen，2007；Viltard，2010）。城市不仅是世界经济运行之地，还发挥着众多重要的政治作用。例如，城市通过积极参与政治活动，精心构思特定的立场以追求自己的利益；通过解决人类面临的共同问题，促进国际议程的设定；在全球治理的最高层级上影响立法进程并监督其实施。上述这种普遍存在的现象被称为城市外交（city diplomacy），它是诸多因素的产物。

城市在世界政治中重要性的增长，与传统的以国家为中心的国际关系分析框架逐渐式微有关。现代的威斯特伐利亚体系产生于 1648 年的《威斯特伐利亚和约》；它在后来的维也纳会议（1815 年）上得到巩固，并在《维也纳外交关系公约》（1961 年）中成为法律。这种国际政治秩序以主权国家为基础，具有明确的边界和责任，并且作为国际行为体的国家具有排他性特征。在这种情况下，外交只是国家对国家的关系，外交政策也被国家政府和部委所垄断。几个世纪以来，国际事务在法律和制度、规则和惯例方面的发展都是由国家设计，同时也是为国家而设计。

在过去几十年间，新的行为体以非正式的方式进入了外交舞台。它们的性质、规模、目的和工具各不相同。它们大致可以分为三类：民间社会组织（civil society organizations，CSOs）、跨国公司（multinational corporations，MNCs）和地方（如地区、省、市）政府（local authorities）。在国际政治的新格局中，这些崛起的新兴行为体旨在填补治理的空白。它们一般被称为非国家行为体（non-state actors），但是在这一分类中，地方政府在某些方面与非国家行为体并不相同。首先，从领土的角度来说，它们不同于那些非领土性的、具有跨国规模的民间社会组织或大型公司。其次，从它们的次国家性质来说，它们既不是完全的民族国家，也不是非政府组织（NGO）、社会运动或跨国公司那样的非国家主体。地方政府仍然是机构实体——它们是公共行政部门的一部分，尽管比中央政府的水平低，却享有一定程度的主权。

传统的外交权限由负责国家外交事务的官方机构独享，比如外交部和负责外交事务的官员。这是由国际体系的特点所决定的，即国家是唯一有权参与国际关系的行为体，是人民唯一的合法代表。1961 年的《维也纳外交关系公约》将外交规则进行了法律化处理。其中，第 3 条指出了常驻外交使团的职能，包括以下目标：（1）在接受国中代表派遣国；（2）于国际法许可之限度内，在接受国中保护派遣国及其国民之利益；（3）与接受国政府办理交涉；（4）以一切合法手段调查接受国之状况及发展情形，向派遣国政府具报；（5）促进派遣国与接受国间之友好关系，及发展两国间之经济、文化与科学关系。大使和领事应定期向国家发送关于东道国活动的报告，在关系恶化或紧张的情况下，双方首先由外交部部长，少数情况下由国家元首出面进行会晤，以表明各自的立场或寻求谈判解决。与今天不同的是，彼时大使馆是外交的前哨站，而外交部则是监控着国际关系方方面面的一双大眼睛。

今天，传统国家外交的排他性特征在两个不同的方面受到了挑战：规范性和功能性。一方面，从规范性上讲，公民要求更多地参与国际事务，因为国际事务对他们的影响更为直接。从这个角度来看，将城市作为国际事务的切入点对他们来说无疑是一条较为容易的途径。另一方面，从功能性上讲，在一个多元和复杂的背景下，国家单独行动的有效性遭到了质疑。在这种情况下，其他的行为体可以提供额外的授权机制，以实现对全球事务的重大影响。因此，城市外交正在成为赋予公民国际权力的一个明显而有效的方式。

一些背景条件的出现也有利于城市国际角色的出现和巩固（Marchetti，2016a）。在当前的全球治理安排中，一些被视为利益相关者的不同政治行为体被允许参与到原先由政府垄断的决策体系之中（Hale & Held，2011；Higgott，Underhill & Bieler，2000）。对辅助性原则、利益相关者参与、分权和地方自治的日益认可，为城市作用的增加提供了有力的规范性支持。权力从传统意义上的机构授权，转变为基于专业知识、原则或仅仅是相关行为体交付能力的认识，这种转变为地方政府的权力主张提供了更多的空间（Avant，et al.，2010）。此外，全球转型产生了一系列交叉性问题，比如全球变暖，这些问题对地方政治的干扰越来越大，因此需要提高地方政府的合法性（legitimation）。而这种合法性显然更容易在城市层级中找到。全球化进程还在民间行为体中产生了一种共同的目的感，它激发了内部统一，增加了民众团结和主人翁意识（Van Rooy，2004）。一些临时性联盟和运动第一次在跨意识形态的基础上组织了起来，它们超越了以往国家动员所面临的传统政治障碍，并以全球化的某些争议领域为行动目标。另外，信息技术领域的技术创新彻底改变了民间行为体的组织模式（Hill & Hughes，1998；Warkentin，2001）。通过互联网，来自世界不同地区的行为体不仅能够提高它们的政治行动力，还能够增强它们的跨国联合能力，以实现共同目标。此外，社会行为的变化，如高等教育的普及和国际旅行的增多，也赋予了公民权力。随着高等教育的普及和大规模旅行的增多，更多的社会积极分子和潜在的选民也能够联系起来。知识的传播和新的跨国信任关系的建立为动员提供了基础（Smith & Wiest，2012，p. 168）。在这种新的外交背景下，城市无疑利用了国家留下的空间。总而言之，新的“全球本土化”（glocal）威胁以及跨国机遇为城市的国际动员提供了正向激励。

城市所在国家的特点对城市外交也很重要。城市的概念包含了一系列对界定城市国际行动主义至关重要的特性：接近性（proximity）、具体性（concreteness）和灵活性（flexibility）。城市的确接近人们的日常生活。为了寻找切实可行的问题解决方案，城市治理者需要务实且接地气的方法，而且必须能够解决问题。在城市中，地方层面的政治是被构想（conceived）和亲身体验（lived）的：人们在公共场所会面、集会和辩论，与国家层面的政治相比，地方层面的政治能够更为直接地参与和控制。城市治理也更多地（在直接和快速的基础上）对其公民负责，因此选举人和当选人之间的关系也更加紧密。城市的政治是一种“街头层面的政治”（street-level politics）：与国家层面相比，它更可见、更包容、更非正式，而且城市空间本身又很容易容纳政治活动（比如公民可以在街头和广场对话、示威、建立平台和表达身份认同）。此外，城市往往更“无主权”（sovereignty-free），而不是像国家那样“受主权约束”（sovereignty-bound）（Chan，2016）。由于摆脱了主权义务，城市可以更灵活地行动，克服意识形态的限制，并专注于设计和实施实际问题的解决方案。相反，国家有更多正式的责任和义务，这限制了它们的行动空间。因此，城市的这种“搞定一切”（get-things-done）的精神能够在很大程度上得到市民的赞赏，因为他们更看重对日常问题有效、切实的处置结果，而不是遥远的峰会、部长会谈及代表团之间的会谈。在“亚团体主义”（subgroupism）概念中，公民将他们的部分忠诚从民族国家转移到近在咫尺的集体，并且更喜欢城市领导人在地方上采取的具体行动（Chan，2016）。特别是市长，他们通常比国家领导人享有更多的公民信任：他们通常是独立和无党派的人士，被认为是实用主义者、问题解决者和真正的公务员*（Barber，2013）。这种公众信任的资产能够为市长们的

---

* 在西方的代议制民主选举制度下，由于存在民主课责困境，公众往往更信任党派属性弱、距离日常生活近，且课责相对容易的政府官员。——译者注

国际活动提供巨大的动力。

城市外交现象很难在传统的国际关系理论框架中找到一席之地，这是因为传统理论往往忽略了次国家互动—国家互动—国际互动的微妙之处。除了本身起源较晚之外，对城市外交现象进行理论化与概念化的困难，主要在于城市外交活动具有双重性质。事实上，在外交层面，这些次国家实体有两个不同的行动领域：国家领域和国际领域。在前者中，适用于城市外交活动的法律规则因国家而异，而在后者中，城市没有法律人格。

学术界对城市外交现象的关注始于 20 世纪 90 年代（Aldecoa & Keating，1999；Alger，1990；Duchacek，Latouche & Stevenson，1988；Hobbs，1994；Hocking，1993；Soldatos，1990）。如前两章所述，在 20 世纪 80 年代，人们在讨论全球经济问题时已经关注到了城市在国际层面的意义。但是直到 90 年代，这种学术关注才得到巩固。当时，次国家实体的国际行动被称为“准外交”（paradiplomacy），主要是作为对程度不一的国家对外活动的直接延续。然而，北美和欧洲研究的重点不同。在美国，城市外交的概念起源于 80 年代末的“外国城市政治”（foreign municipal politics）研究，其学术渊源主要是针对里根时代有关保守主义和新自由主义政策的社会抗议研究（Smith，1988）。对城市外交政策的反思主要基于政治动员等社会学理论，并且旨在评估地方政府在国际领域的治理能力，以及在反对联邦政府外交政策时基层动员的合法性问题。从这个角度来看，当时美国城市外交的研究重点大多是基于社区的倡议（community-based initiative)，以及将各种次国家实体、非政府组织、公民团体和地方政府聚集在一起，为促进和平和全球发展而奋斗(Lofland，1993；Shuman，1986，1992)。欧洲的城市外交概念，起源于经由国家制度化确认的分权合作，而不是社会抗议运动（Hafteck，2003)。城市外交问题的出现与（地区、城市、非政府组织等）分权合作的辩论有关。事实上，和其他议题一样，分权合作仍然是许多欧洲城市目前的主要行动领域（Cochrane，Peck & Tickell，1996；Le Galès，2002)。

第三章　城市外交的结构性因素

城市外交：定义与趋势

从基本定义来看，城市外交是制度和实践的结合，是以追求利益为目标，使城市能够在国际层面与第三方——国家或非国家行为体——产生联系。以正式的等级制视角观察，城市外交低于国家外交，但高于公民外交和民间社会活动。它处于制度化水平的中间地带。在对国际事务的经典解释中，国家外交被认为是主要的互动形式（Hamilton & Langhorne，2011），而公民外交（Sharp，2003）和民间社会组织的跨国动员（Porta & Tarrow，2005）通常被视为非制度化的国际行动主义形式。城市外交，其合法性由选举机制和正式的制度结构保证，处于完全制度化、有正式国际授权、与决策者联系程度较低的国家模式，和制度化水平较低、非正式国际授权、人民通过自下而上的方式直接影响决策者的民间社会组织模式之间的中间地带（见表 3-1）。

表 3-1　国际影响力投射的模式

与决策者联系程度	制度化水平高、正式的国际授权	制度化水平低、非正式的国际授权
低	国家	企业
高	城市	民间社会组织

人们对城市外交有着不同的理解，因此它也有着不同的名称。一些人认为，这种外交是与经典的国家外交平行发展的，因此它应该被定义为“准外交”（paradiplomacy）（Aldecoa & Keating，1999；Tavares，2016）。也有人称其为市政外交政策（municipal foreign policy）（Leffel，2018）。还有人称其为次国家外交（sub-state or subnational diplomacy）（Criekemans，2010）。国家外交和城市外交可以被看作两条平行的道路：城市外交不会取代国家外交——它是独立的，但又是附加和附属的。城市外交可以被视为国家对国际关系进行分权管理的一个案例。在特殊情况下，城市外交可以被看作对国家外交政策的纵向分割，而横向分割的过程通常发生在国际组织之中，并需要与其他国家共享。虽然上述定义倾向于假设外交政策中存在明确分工，但现实情况是，外交权限受到了中央政府和城市政府之间不断讨价还价和竞争关系的制约。这两个行为体往往在一个复杂的多层级系统中运作，其中竞争与合作交替进行。

城市外交实际上并不是一个新现象：城市的国际行动主义甚至早于民族国家的存在。在过去，远在威斯特伐利亚体系之前，大城市便已经作为外交实体而行事。例如，在古代，雅典和其他希腊城邦会相互派遣和接受特使，以谈判政治和社会问题。在意大利的文艺复兴时期，威尼斯和佛罗伦萨等主要城市就拥有早期的外交网络，包括常驻海外的使团。欧洲和亚洲的一些城市在政治、商业、文化、宗教和军事力量方面对广大地域都有着悠久的影响力传统，例如罗马、汉萨同盟中的德国城市、热那亚、开罗、伊斯坦布尔和巴格达，以及中国的成都。随着现代威斯特伐利亚秩序的到来，城市被崛起的民族国家及其从事外交活动的官僚机构所边缘化。

在第二次世界大战后的几十年间，城市沿着三条线索发现了（或重新发现了）它的国际行为体身份。第一，城市成为冷战中的"非正式"行为体。冷战时期，铁幕两侧的一些城市设法建立了联系，而这些联系对柏林墙倒塌后的东西方社会与政治和解至关重要。第二，城市和其他地方政府在全球治理中发挥了越来越大的作用。随着全球问题公开讨论的增多，直接参与国际事务的需求促使公众和地方政府在国际参与中态度更加积极。第三，双边合作在许多不同的领域得到发展，例如法兰西第四共和国和德意志联邦共和国的城市在 20 世纪 50 年代和 60 年代的分权合作（van Overbeek，2007）。根据不同国家的内部特点，这种从中央到地方的分权采取了不同的形式和方式。在欧洲各国的经验中，城市与城市之间的合作主要来自自下而上的倡议，而在美国，城市结对——反常地——起源于联邦政府[①]自上而下的计划（Bon-

① 国际国民外交协会（People To People International，PTPI）由艾森豪威尔总统于 1956 年在美国新闻署内设立，目的是通过友好城市结对的方式，促进社区之间的思想和经验交流，以减少新冲突爆发的可能性。

tenbal & van Lindert，2006）。

在这种趋势中，重要的是要认识到内部分权能够让公共行政部门更好地处理地方问题。按照这种观点，地方发展和分权之间存在着直接关联。由于分权被认为是最有效的内部管理机制，因此地方政府之间的分权合作，甚至是跨越国界的合作，也被认为是地方政府在国际层面解决问题的补充性工具。这样一来，内部分权和外部分权合作之间的基本联系便形成了。总之，随着历史的发展，我们可以看到城市在处理国际层面的外部关系时，（重新）获得了能力，这也因此消解了国家对外交事务的垄断。

在理解城市外交时，我们不应该再重复多年来研究国家外交（state diplomacy）时犯下的错误。长期以来，国家外交仅仅与作为行为体、对象和工具的国家有关。后来人们意识到，国家外交的对象和工具也可以是非国家行为体。现在，我们应该把这一观点运用到城市外交之中。在考察行为体属性（actorness）的时候，虽然我们需要一个最低限度的制度化标准，但是这并不意味着城市外交只能由对等人员（peer-to-peer）或公务员来进行（La Porte，2013）。城市外交可以通过不同的轨道展开，其对象和工具也并不限于地方政府。这样一来，城市所开展的国际活动应该被理解为：一个城市有时直接与其他城市的市民接触，而不一定非得与地方政府或国家建立正式关系。同样地，城市议会可以指派个人、民间社会组织或私人公司来促进它们在国外的利益，而不一定要派遣官方的公务员。我们可以进一步分清所谓的“城市与城市”关系，即只在城市之间，或城市与其他国际行为体之间的关系，如城市对政府、城市对国际组织、城市对企业或城市对市民。此外，也可以根据参与的行为体数量来区分城市的各种外交活动：一种是双边（two-sided）活动，即只有两个行为体参与；另一种是多个行为体参与的多边（multi-sided）活动。最后，还可以区分两种外交活动：一种是城市作为单一行为体，旨在从活动中获利的活动；另一种是产生分散式收益或集体收益的活动。

全球治理中的城市

在国际领域，随着地方政府，特别是城市的外交活动出现，国内政治和国际政治之间开始建立起联系，并且二者之间的分界线变得越来越模糊（Putnam，1988）。在“复合多边主义”（polylateralism）中，国际舞台本身转变为国家、非国家和次国家行为体之间的混合关系（Wiseman，1999），国内政治和外交政策之间的边界越来越不清晰，官方行为体的行动和非官方行为体的行动之间的分界线也越来越模糊。一方面，我们发现国家是国际关系中的官方行为体，其行动已被《维也纳外交关系公约》和《维也纳领事关系公约》（分别签署于1961年和1963年）所承认与规制，国家在外交政策中继续享有特权。另一方面，我们发现对于城市而言，尽管它们在国际舞台上缺乏像国家一样的官方责任，但它们却是公共行政的一个重要组成部分，声称具有来自地方选举的高度政治合法性。换句话说，虽然国际法还没有成功填补规制地方政府外交活动的空白——甚至在规制个别国家上依然存在空白——但城市在法律上从属于本国的制度体系，并通过选举程序而获得政治合法性，这使地方政府的国际活动处于一种介于官方和非官方之间的政治—司法状态。

当代国际政治的混合状态使得国内政治和外交政策之间的区隔逐渐减小。以国家为中心的外交伴随着另一种外交形式，即以行为体多元化为特点的多中心准外交，其中地方政府作为行为体之一也包括在内。在全球化时代，国际政治的发展正在进入一个过渡时期：它从一个坚定的以国家为中心的国际体系，即国内政治和外交政策之间明确分离、国家间关系具有明确规范和法律标准，过渡到了一个政策类型的连续体（a continuum of types of policies），即国内政治和国际政治领域中的不同元素都混合在一起，并被置于诸如次国家、国家或国际等不同层级的政治舞台之上，亦即所谓的多层外交环境（Hocking，1993）。国际环境之所以是多层的，是因为处于不同政治层级的行为体交织出现在一起。在这一点上，不同的行为体根据自己的选举授权、实际权力、能力、自治程度和资源进行制度合法性主张。因此，国际体系应该被看作一个跨国的网络环境，非国家或次国家行为体在多个领域内同时行动（Betsill，2006）。无论是单独还是通过网络，无论是双边还是多边，或是通过多方利益相关者的方式，城市在全球治理中都发挥着重要作用（Aldecoa & Keating，1999；Alger，1990，2010，2014；Amen，2011；Amen，Toly，McCarney & Segbers，2011；Bouteligier，2012；Chan，2016；Duchacek，et al.，1988；Hobbs，1994；La Porte，2013；Le Galès，2002；Lecours，2002；Zheng，1994）。

城市外交的法律维度：国内趋势

城市在国际上活动的法律环境可以分为两个主要领域：国家和国际。在国家层面上，国家政府和地方政府之间的关系正经历着重大的转变，在某些情况下它们加强合作，而在其他情况下则是加剧竞争。在国际层面上，既有的法律文本继续将城市的国际地位边缘化，但是在实践中，城市的作用却得到了越来越多的认可。等量观之，这两个领域都值得详细研究。

不同国家在界定城市行为体的法律地位和行政作用时存在非常明显的差异。比如，单一制和联邦制国家在法律和政治上对城市的定位存在很大不同。例如，美国的宪法中没有提到城市，城市在法律上是“各州的产物”，正如狄龙法官（Judge Dillon）在艾奥瓦州的一个铁路案件中指出的那样。该案于1868年由艾奥瓦州最高法院裁决，后来得到了美国最高法院的支持。在意大利，宪法赋予了城市、省和地区一定程度的政治自主权：城市拥有行政和财政权，但没有立法权。在美国的实践中，各州的宪法在给予城市权力时，或多或少会进行限制，我们把限制性较强的州称为狄龙法州（Dillon's law states），把宽容性较强的州称为自治州（home rule states）——以上就是城市运作的政治背景。

理论上，所有的州都允许某种类型的城市自治，但在实践上，这种自治权仅限于州中那些最大的城市。因此，国家的法律环境对于决定一个城市可以进行何种跨边界的行为来说十分重要：尽管伦敦和洛杉矶都是全球城市，但是它们所拥有的法律权力并不相同，因为它们被嵌入了不同的法律体系。

在国家层面，中央政府和地方政府之间的互动可以分为四大类：合作、竞争、竞争性合作和漠不关心。事实上，自从民族国家建立以来，城市就被嵌入国家的法律体系之中。因此，城市究竟能够在多大程度上自由行动，取决于它们所属国家的特点，取决于它们在国家立法中的法律待遇，以及与国家法律规定有关的其他因素。第一种国内限制是由国家的最高法律，即宪法造成的。显然，拥有成文和刚性宪法的国家有可能明确限制或下放权力给地方政府，这与普通法国家不同，后者是基于解释和宪法法院的判例。基本上，国家宪法既可以承认城市的国际关系，也可以禁止它们，或者在大多数情况下保持中立，但实际上保持沉默的情形居多*。第一种类型是合作，即国家明确允许地方政府进行外交活动。只有少数国家这样做，其中包括法国、比利时和阿根廷。第二种类型是竞争，即国家明确禁止城市进行国际关系活动。例如，美国不允许城市或其他地方政府签订国际条约，以维护联邦政府在国际关系中的统一国家地位。很少有国家这样做。

---

* 此处“保持沉默”可以理解为漠不关心这一类型。原文对此类型未做详细讨论。——译者注

第三种类型的关系介于上述两种类型之间：一种竞争性合作，即城市和国家在某些情况下联合工作，在另一些情况下单独工作。然而，在这种类型中，最常见的是宪法处于中立地位，这主要是因为不存在确定城市外交特权的法律规则或规则极其模糊。在这里，城市可以利用立法的真空，推行它们的国际关系政策，直到国家决定进行限制。当然，如果城市侵犯了专属于民族国家的权力，如国家安全、国防、外交或对外借贷，就有理由认为它们的行动会受到法院的质疑。然而，城市不仅数量众多并且几乎不受国家监督，而且它们可以采取那些不一定需要正式法律安排的行动。这些都可以算是城市的优势，因为它们可以在“非法”（a-legal）的空间内工作。

毋庸置疑，城市的行动可以成为国家国际战略的一部分，与外交部形成互补。当国家由于全球化而无法有效地处理某些国际问题时，城市和其他新的行为体便获得了机会，行使以前由国家掌握的职能。互补性发生在这样的情况下：两个行为体能够出于不同的角度，在解决同一问题时共同发挥作用。一个例子是二战后国家的政府重建。通过互补性行动，国家可以为重建中央政府结构出力，而城市则有助于重建地方政府结构。这是一个有控制的分权案例，地方实体被赋予权力，以加强国家结构，进而有效地执行国家政策，并成为其外交工具箱的一部分。在这种情况下，国家并不认为城市是竞争对手或敌人，因为它们有相同的利益。从国家的角度来看，这就是作为代理（by proxy）的外交政策。城市在执行国家政策时享有一定的回旋空间，进而成为国家对外谈判的一种手段。事实上，城市参与外交的能力取决于国家的行政结构，有效的结构可以让城市成为参与谈判的行为体。当中央政府和城市之间的协同作用得到促进时，城市外交便可以被中央政府当作国家外交政策的工具，以取得以往无法实现的成效。我们可以参考冷战期间维尔纽斯的案例，它被苏联用来作为影响中欧和东欧的工具。同样地，维尔纽斯在 1989 年后则被苏联用来作为与西欧和美国建立联系的工具。同样，布达佩斯在 1989 年后被匈牙利作为促进加入欧盟的渠道。近些年，荷兰政府与几个城市建立了协调机制，以促进在某些国际问题上的协调。

然而，中央政府和地方政府在外交政策上的合作关系也可能会变得非常政治化并因此产生争议。中国的态度就是一个例子。2019 年，中国人民对外友好协会时任会长李小林表示，“姊妹城市关系在促进‘一带一路’倡议（BRI）框架下的中外城市合作与交流中发挥着重要作用”[①]。近年来，中国城市的积极性明显增强。到 2020 年为止，中国的城市已经在海外与 2 629 个城市或省份建立了友好城市关系，并与参与“一带一路”倡议国家的 700 多个城市建立了友好城市关系。仅北京就至少与 21 个签署“一带一路”倡议的国家首都结为了姊妹城市。准外交和城市外交构成了当前中国软实力战略的重要组成部分。但也正是因为这个原因，它变得非常有争议。在捷克，当布拉格市议会批准与台北的类似协议后，北京取消了与布拉格的姊妹城市协议。在瑞

① https://www.chinadaily.com.cn/global/2019-04/26/content_37462677.htm.

典，由于2020年上半年中瑞双方在中央政府层面关系恶化，一些城市协议也因此被取消了。在过去的一段时间里，林雪平、卢莱亚和瓦斯特拉斯等城市也终止了与广州、西安和济南的官方合作协议。更重要的是，哥德堡决定不再续签与上海的姊妹城市协议，而该协议是中国和欧洲之间联系的重要象征。然而，中国并不是唯一将这类地方协议政治化的国家。2018年，在旧金山官员承认竖立在唐人街的日本“慰安妇”雕像为公共财产后，大阪结束了与旧金山长达60年的关系[①]。另一个例子是伊斯坦布尔与鹿特丹的伙伴关系。这两个城市于2005年建立了姊妹城市关系，直到2017年土耳其单方面终止。终止的原因是，在土耳其就宪法修正案举行有争议的公投之前，土耳其的部长们被禁止在鹿特丹举行土耳其侨民集会。土耳其总统埃尔多安积极参与了这一决定，据说他要求其总理告诉伊斯坦布尔市长终止与鹿特丹的关系。

在有些情况下，城市外交并不受国家指导，而是自由发展。有时它甚至会与国家的战略相背离，引发难以解决的争端。从这个角度来看，城市外交会降低国家外交的威信，甚至成为国家的威胁。这种情况可能是由于城市缺乏国际认可，比如巴塞罗那发展城市外交是为了弥补其在国际组织中的成员身份缺失。也可能是因为一国的外交官和各部委在国际上的地位普遍下降。有时，城市外交也会被视为对既定国家外交政策的挑战。例如，苏黎世

① https：//www.theguardian.com/world/2018/oct/04/osaka-drops-san-francisco-as-sister-city-over-comfort-women-statue.

的情况就是如此，它是欧洲城市毒品政策（European cities on drug policies，ECDP）网络的一部分，与瑞士联邦政府提出的禁毒政策形成了鲜明对比。而巴黎则通过其“巴黎国际项目”（Project International de Paris）反复声明其全球政治行为体的身份，并不时与法国中央政府对抗。同样地，罗马于 2002 年在耶路撒冷设立了一个和平办事处，反对意大利政府对伊拉克的干预。2017 年，巴塞罗那对西班牙中央政府表达了反对立场，俨然将自己视为一个独立国家的首都。同样地，当特朗普宣布美国退出《巴黎协定》时，其中一股强烈的反对力量来自美国大城市的市长们。从纽约到洛杉矶，再到波士顿、费城、芝加哥、西雅图和新奥尔良，共有 61 位美国市长声明他们将继续致力于执行《巴黎协定》，并承诺继续前进、共同努力，以减少碳排放[①]。地方官员的这种强硬态度很快就成了世界新闻的头条，这不仅是因为他们直言不讳地反对美国联邦政府，还因为这件事关乎一个特殊的问题——在一份由国家达成的国际协议中，地方政府（如城市、省或地区）既不是正式缔约方也不是签署方。

城市外交的法律维度：国际趋势

总体而言，在国际法层面，对城市法律地位的认可非常有

① https：//edition. cnn. com/2017/06/01/us/trump-climate-deal-cities-states-defying/index. html.

限。没有任何一个国际条约或联合国公约，也几乎没有任何国际法院的裁决提及城市行为体的存在，或承认它们是国际法的法律实体。而且，尽管这听起来很奇怪，在国际法中，“否认城市行为体的法律地位”这一看起来十分明确的法律原则也几乎没有被任何国际公约、条约、教科书或文件提及。正如刚刚所说，1961年的《维也纳外交关系公约》也没有规定究竟应当由城市还是国家来进行外交活动。城市往往处在法律的真空状态。这不仅决定了城市行动的模糊性，同时也造成了城市外交在某种程度上的降级。地方政府在国际法中的缺席并不像个人、团体、协会或公司的缺席那样独特。有学者恰当地将这种情形定义为城市国际愿望的“概念监狱”（conceptual jail）（Chan，2016）。

二战后的一段时期是城市国际命运的重要时刻。当时，在克拉科夫、上海、但泽和阜姆等自由城市，以及丹吉尔和耶路撒冷等国际化城市/领土的失败实验之后，人们对授予城市国际地位一事犹豫不决。其中一些实验的目标是为了解决少数族裔问题，这些少数族裔在同质化的民族国家出现后，发现自己受到压迫，并且需要国际保护。一种解决办法是建立特殊的非国有化（de-nationalized）地区。因此，这些居住着少数族裔居民的城市便借此摆脱了国家的控制，并被置于国际监督之下。设立自由城市的另一个目的是对存在资源或领土争端的国家进行调解。但是到了最后，所有这些实验都被证明是不可持续的，而且产生了更多的问题。最终，关于自由城市的实验被终止了。

在二战后的法律环境中，尽管存在许多争议，地方政府仍仅仅被视为其国家的组成部分。城市的性质仍然与官僚和民主这两个概念之间的紧张关系紧密相连。一方面，官僚的概念将城市设想为国家的一个组成部分，一个行政子单元。另一方面，民主的概念将地方政府理解为独立自主的法人团体，因为它们是由民众投票直接授权的，反映着本地社区的意愿，是一种有别于并独立于国家的半主权民主实体。这两种概念之间的紧张关系至今仍然是我们理解城市法律地位的政治基础。从这个角度来看，城市可以被看作个人与世界之间的规范协调者，它与国家的协调行为并行。这一点应该被视为斯劳特所阐述的国家功能分解与跨国再分解（state functional disaggregation with transnational re-aggregation）这一更广泛进程的一部分（Slaughter，2004）。这样一来，城市就不仅仅是受国际义务和国际权力影响的被动实体。它们也采取了主动的方式，通过与他国城市签订协议来发起或形成跨国法律，这些协议得到国家授权后，有可能获得国际承认，成为国际法的一部分。

最近，国际法开始以各种方式接纳城市，这与城市缺乏法律人格的理论说法明显相反（Blank，2006）。在国际法的框架内，城市作为政策和规范的对象、实施者和主体出现。尽管城市不是国际法的完全主体，但它们必须遵守缔约国在签署此类文件时承担的义务和责任。而且，虽然地方政府的法律义务源于国家的法律义务，但实际上地方政府才是承担这些义务的主体，是这些公约事实上的缔约方。国际法给地方政府带来了责任：因为城市可以造成重大的社会影响，所以它成了全球、国际和跨国监管的对象。进一步来说，通过承担执行国际规范和国家标准的责任，城市在世界政治舞台上获得了政治实体才有的影响力。

通过努力促进“分权”和“辅助性原则”等议程，联合国和以欧盟为代表的国际组织已经转变了对地方—国家关系的理解。重新阐释这一关系与当前全球治理的指导理念相吻合：分权、基于市场的经济改革、民主化和社区授权。联合国人类住区中心（UNCHS）开展的大量活动反映了这一重要的转变：地方政府不仅是受监管的对象，还是推进各种国际政策的载体。联合国人类住区中心（后来改名为联合国人类住区规划署——UN-Habitat，简称人居署）于 1976 年根据《温哥华人类住区宣言》（Habitat Ⅰ）成立。这个最初以发展为导向的机构，后来成了推动国际政策制定者转变对待城市观点的主要动力来源。事实上，人居署如今已经发展成为一个国际机构，旨在促进“人类住区”（human settlements）转变成为独立且有权力的行为体，进而使它们更进一步获得国际法的主体地位。

关于城市管理的国际新规范正在出现。城市行动主义的勃兴，以及联合国和其他国际组织对城市越来越多的关注，正带来一种规范性转变，这在未来可能会促使国际社会建立一个新的法律环境以适应城市的要求。而联合国则将这一设想大大向前推进了一步。1998 年，在伊斯坦布尔会议之后，联合国人类住区中心与世界城市和地方当局协调协会（WACLAC）发表了一份名为《迈向地方自治的世界宪章》（Towards a World Charter of Local Self Government）的文件，以期成为联合国关于城市自治的第一份正式公约。在这里，地方主义意识形态发展到了全球规模：分权成为核心主题。其中，辅助性（subsidiarity）、邻近性（proximity）和自治性（proximity）原则是1998年文件中出现的最重要的创新。鉴于联合国框架下规范生成的成功案例（如联合国关于儿童、原住民、残疾人等权利的公约），在未来的几十年里，我们可以合理地期待一个关于城市管理的全新联合国公约，以作为实现稳定、经济发展和人权促进的工具。

行为体、目标和动力

在城市外交中，存在不同/多个城市行为体。人们通常对城市外交和公民外交进行区分，前者是通过正式的市政机构开展的外交活动，后者是通过个人或商业公司、非政府组织或其他社会团体等开展的非正式外交活动。鉴于此，我们可以对城市外交工作中的四类主要行为体进行界定：

1. 正式代表。如市长和市政官员，后者包括如各类市议员、顾问和行政人员、城市规划者等。

2. 公民和民间社会组织。如非政府组织、智库、基金会、协会、民族团体、慈善机构等。

3. 经济和商业组织。如私营公司、服务供应商、企业等。

4. 教育和文化机构。前者包括各类学校、研究中心和学术团体，后者包括博物馆、剧院和交响乐团等。

与城市外交的主体相对应，我们还应该考虑城市外交的对象。在城市层面，上述四类行为体同时存在：以市长为首的官方代表显然是最为主要的行为体，但与之相关的还有民间组织、商业和文化行为体。在城市层面之外，城市外交的对象还有他国政府和国际组织。与他国政府打交道是一个雷区，因为这个领域在传统上被认为是国家外交政策的专属领域，但城市却以软性形式与外国政府接触。与国际组织打交道比较容易，因为正是国际组织激活了城市在外交领域的活力。

出于不同的动机，城市决定走向世界。在实用主义的驱使下，城市可能会主动在国际层面寻找解决具体问题的可持续方案，因为仅靠本地力量无法完成。在雄心壮志的鼓舞下，城市可能会主动发展创新的国际行动，目的是通过硬性经济发展和软性文化推广来提高城市绩效和全球认可度。在权力和威望的激励下，城市可以诱导市长们走向世界以获得知名度并在选举中获得成功。而理想主义则可以促使市长们在困难时期或发展进程中向其他城市提供声援和帮助。最后，对公民行动主义的回应可以促使市长们关注公民社会和城市社区提出的具体问题。

在解释城市外交时，一些不同的变量可以用来解释城市的国际活动强度。下文将简要地解释这些变量。这些变量并不代表最终结论，因为我们仍然缺乏一个全面的研究来检验这些变量的相关性、有效性以及它们之间的相互关系。然而，这些变量为研究城市外交的驱动因素提供了一些相当不错的启示。

由内向外的变量

● 市长态度（mayor's attitude）：市长的个人决心对于一个城市选择是否在外交领域有所作为至关重要。正是因为城市外交不如国家外交那样具有高度制度化的特征，市长等城市外交官的个人态度受到了更多的重视。特别是对于那些没有城市外交专业机构的小城市来说，市长与外国政府或外国人之间的个人接触是城市外交活动的主要载体。市长们正面临着越来越大的压力，他们处于一个三层博弈之中：地方—国家—全球。30 多年前，普特南建议将政治发展解释为国内和国际领域之间的双层博弈（Putnam，1988）。今天，我们需要更新普特南最初的洞见，开始思考三层或更多层的博弈。在全球化和相互依存的时代，城市面临的机会和威胁越来越多，市长们正在迅速学会如何同时在不同的领域互动，以增强他们在社会、经济和政治领域的影响力。市长的意愿往往被知名度和选举收益等针对本土政治家的明确政治机会所激活，而这些政治机会又通常与下列其他变量有关。

● 公民压力（citizens' pressure）：城市外交也可以源自公民活动产生的自下而上的压力，例如对无核化城市的呼吁。这一变量有时与城市社会中的外国行为体或跨国行动网络有关（见下一个变量）。

● 城市社会（urban society）：城市中外国行为体的存在可以对城市外交产生重要的推动作用。国际侨民、游客、商业群体、宗教团体、国际专家和外交官等都是可以间接促使城市更多参与国际活动的行为体。

● 政治文化（political culture）：当某种政治文化在公民和政治精英中传播，特别是当这种“从跨国政治中获利”的文化发展成熟时，准外交就有可能发生。例如，各个政党可能会根据其意识形态而采取不同的立场（如支持自由贸易或民族主义），从而推动或阻碍城市在世界舞台上的活动。

● 历史记录（historical track record）：历史上的城市国际活动会产生路径依赖，可能会导致更多的城市外交行动。同时，也存在一种反例，特别是在那些城市外交制度化水平较低的城市，一旦积极推动城市外交的市长任期结束，城市失去国际活动意愿的情况也并不少见。

● 权宜之计（expediency）：城市外交可能只是为了更好服务城市利益的一种手段。阿姆斯特丹在加纳、苏里南和土耳其很活跃，因为这些国家是其移民的主要来源国。以类似的方式，城市在其他国家参与冲突解决，目的之一便是防止移民的涌入。当国家不能为公民的利益服务或效率低下时，城市便被要求补充或替代国家。巴伯和其他一些市长甚至认为，城市有权利和义务对国家的主权功能障碍/缺失做出回应，有权利以真正的自决精神，或许是民主本身的精神进行自治。

● 资源禀赋（resources）：具体的资源，例如财政、人力资源和官僚资产，为城市外交提供了关键性资源。较大的城市可以依靠更为充足的预算和更多的工作人员开展外交活动，因此，大城市拥有更加务实的外交并非巧合。然而，这并不意味着小城市缺少生机，只不过在一般情况下，大城市对国际政治议程有着更大的影响。

● 经济类型（type of economy）：如果城市缺少必要的生产资源，或者拥有重要的出口导向型商业社区，那么城市外交将着力于积极寻找国际渠道，以支持本土经济的国际化发展。总的来说，经济全球化使地方政府意识到它们作为战略要地的潜力，并促使它们对自己的经济、社会和文化发展负起更多责任。

● 制度框架和分权程度（institutional framework and degree of decentralization）：城市在外交政策中的自主性，还由中央政府认可的自由限度以及分权程度所决定。在国际事务决策中，城市的宪法性自治程度十分重要。如前所述，既有的法律框架往往在这个问题上保持沉默，所以中央政府和城市之间的政治对话尤为关键。如果地方利益在国家层面得到了令人满意的表达，那么城市参与外交的必要性就会降低，反之亦然。当然，分权程度意味着城市拥有自主权的程度。例如，在加拿大和荷兰等具有强烈分权文化的国家，城市外交是一种普遍的做法。从政治视角考察，国家的外交政策议程同样影响着城市外交：如果国家优先考虑软性政策（如经济、文化、发展援助而不是军事力量），那么地方政府更有可能在相同的轨道上参与全球事务。作为一个普遍的趋势，国家的主权正经历一个逐步分化的发展进程——或向上或向下，它的权力正分别向区域、大陆或全球制度转移，或向次国家领土行为体，甚至向市场转移。

● 国家外交的缺失（lack of national diplomacy）：在地区渴望拥有独立主权但缺乏国际承认的情况下，城市外交也可以作为“国家”外交的功能性替代：巴勒斯坦的城市，以及加泰罗尼亚的巴塞罗那就是这种情况。有趣的是，加拿大魁北克省的国际代表团被英国官方表述为城市办事处，而不是国家办事处（例如，在表述中，代表团位于伦敦，而不是英国）。不言而喻，这些都是造成各种国际争议的例子。

● 地理因素（geographical factors）：地理位置对于促进城市国际角色的发展来说十分重要。靠近边境、港口或河流的城市通常会形成一种更加开放的心态，或是一种希望与世界接轨的态度（如荷兰的鹿特丹，中国的上海，或意大利的的里雅斯特）。城市在国家领土内的位置对城市的国际行为也有影响：处于国家的核心或边缘地区，远离或接近重要中心，都可能影响城市在世界舞台上的行动能力。

由外向内的变量

● 跨国网络的存在（presence of transnational networks）：城市外交的蓬勃发展有其外在原因。全球政治越来越多地被侵入性跨国网络所影响，这些网络推动并迫使城市出于全球主义和地方动机等原因在全球范围内做出反应。

● 国际体系的性质和国际组织的拉动效应（nature of the international system and pull effect by IOs）：国际体系的性质对城市外交有着重要影响。国际体系的包容性越强，政府间关系越不教条，就越有可能出现城市外交。在有的情况下，地方政府走向世界是因为国际组织要求它们这样做。如前所述，一个典型的例子是欧盟大力推动的欧洲地区活动的欧洲化。这些地区现在接受欧盟的资助，协助起草欧盟的官方文件，并在布鲁塞尔设有常设办事处。国际组织为城市提供了一个跨国关系网络，以及交流与合作的机会，并致力于将城市纳入全球事务之中。

● 其他城市的拉动效应（pull effect by other cities）：如果在国际上活跃的城市数量众多，它们便会对其他城市的城市外交态度产生复制效应（duplicating effect）。对最佳实践模式进行模仿和引进是很常见的做法。此外，在国际层面，城市倾向于采取与国家不同的行动，因为它们追求更为合作的态度。当国家在国际舞台上相互对立时，城市则倾向于超越意识形态、历史或国家边界进行互动与合作。在解决共同关心的问题时，城市更愿意也更期待关注共同利益，以便为其公民提供实质性成果。对于一个城市来说，是否选择发展国际影响力，同样取决于是否存在与其他城市合作的机会。虽然城市之间存在竞争，比如大型活动的主办权或大型组织总部的选址，但在总体上竞争仍然是城市间关系的次要因素。

表 3 - 2 对上述所有变量做了归纳。

表 3-2 城市外交的解释变量

类型	变量
由内向外	市长态度 公民压力 城市社会 政治文化 历史记录 权宜之计 资源禀赋 经济类型 制度框架和分权程度 国家外交的缺失 地理因素
由外向内	跨国网络的存在 国际体系的性质和国际组织的拉动效应 其他城市的拉动效应

第四章　城市外交的行动领域

城市外交涵盖了不同类型的活动。虽然经济活动往往最引人注目，但其他类型的活动同样可以给城市带来影响。在这一章中，我将按部门专业划分，考察城市外交的不同层面。首先从与政治—制度相关的活动开始，然后是商业与品牌管理、文化与环境、和平与安全，以及人权、移民与发展方面的活动。虽然这种分类可以帮助读者系统化地理解城市外交的复杂性，但通常的情况是，城市的任意一种国际行动都会涉及多个不同领域。

政治：全球治理、城市结对、网络和大型活动

城市外交的第一个行动领域是与外国对等行为体（counterparts）开展的政治—制度互动。所谓对等行为体，包括外国城市、外国政府、国际机构、外国公司、外国民间社会组织和国际网络等。这些（双边和多边）互动都属于城市外交的行动范畴。正是基于与这些行为体的制度关系，城市得以进一步建立合作。

这也是我在这一部分首先介绍政治行动的原因。值得一提的是，主办和组织大型活动不仅是一项（在某些条件下）有利可图的事情，更重要的是它构成了公共外交的主要载体，我将在本节最后讨论这一问题。

在全球治理的多边层面，机构参与（institutional engagement）指的是在超国家层面参与并影响决策进程。与国家的外交官一样，城市代表也希望在国际舞台上维护自己的利益。虽然权力较小，但城市外交官可以在现有政治结构的内部和外部采取行动。在国际组织中，城市的目标是直接参与决策制定。就像欧盟地区委员会那样，除了就具体问题提出自己的决议外，还可以在政策执行的过程中对欧盟委员会和欧洲理事会产生重大影响，因为这些社会、政治和经济政策通常与城市有关。机构代表（institutional representation）不仅指参与高层磋商进而影响全球政策的制定过程（例如游说，主要是在联合国和欧盟层面），还包括正式代表城市出席重要场合，如协议的签署仪式、国家元首的正式访问和国际峰会等。当城市在现有的政治结构之外采取行动时，因为不具备获得正式发言权的权利和地位，它们往往进行外部游说。例如在联合国，世界城市和地方政府联盟（UCLG）或其他城市网络经常作为联合国机构或大会各委员会的对话者。这些城市的游说活动需要将个人利益集合成为一个声音，以便更有效地影响相关机构。这里便出现了一个双层博弈的过程，第一层存在于城市网络内，第二层存在于城市网络和机构之间。

在全球治理的双边层面，机构关系（institutional relations）

与地方政府之间的分权合作有关。这些地方政府的行政部门会在流动性、城市规划、官僚机构、卫生健康、福利服务和其他地方公共服务提供等方面，相互交流技能、知识、最佳做法和经验。各方都能够在分权合作中获利，是这一领域城市外交与发展援助的区别所在。发展援助的目的是为了改善某个社区的条件，而城市外交则是通过分权合作为参与合作的所有各方带来收益。从表面上看，尽管这些城市外交活动与普通经济活动相似，但它们构成了一个独立的分析类别。事实上，虽然经济外交建立在经济商品分配的基础上，即受制于市场动力，但发生在机构关系维度的互动并不涉及经济商品，或者至少它们不是为了交换经济商品而互动。相反，城市合作并不会为相关城市带来直接或可量化的收益，而是提供关于行政专业知识的相互交流，其目的在于提升城市政府的管理能力。

自从登上国际舞台，现代城市便利用合作模式来加强与本国或外国地方政府的关系。城市结对便是多维国际活动的一个很好的例子（Laguerre，2019）。在全球化程度不高的世界中，城市的主要市政职能要求它专注于运行基础设施、发展公用事业等日常事务，而将国际参与限制在地理上接近的合作伙伴之中，或者是发展姊妹城市这样的城市结对活动。虽然看起来很神秘，在今天，这些古老倡议的遗产却能够继续促进城市政策的交流，特别是在成熟市场国家和新兴市场国家的城市之间。姊妹城市伙伴关系的现代起源可以在二战后美国和英国的政策中找到，其目的是鼓励交流以促进更大的和平与繁荣。例如，在二战后，作为和平与和解的典范，英国的考文垂与德国的德累斯顿结为姊妹城市，因为这两个城市在战争期间都遭到了严重的轰炸。在这一时期，英国和美国的许多城市不仅彼此相互联系，还开始与更遥远的亚洲首都城市交流。

随着时间推移，城市结对已经从简单的友谊协议发展成为复杂的伙伴关系，它几乎包括了本章提及的所有行动层面。城市与城市之间的合作是一种常见的战略，通过在城市之间培养亲近感，促进信息、思想、投资以及人与人之间的交流，从而提高城市的国际形象和全球竞争力。从传统意义上讲，城市之间的双边关系与几个因素有关：市长或贸易关系、历史或人口联系、共同的挑战或共同的信仰。城市结对与好客（hospitality）的概念有关。城市与城市之间的合作有上百个例子，许多姊妹城市的倡议都涉及年轻人和学生，以期能够在未来加强两个城市之间的持久联系。在过去，城市结对（或姊妹城市）主要是为了表达与友好城市的团结和互惠。但从历史上来看，随着冷战结束，这一做法的重点转向了经济发展。参与其中的城市通过相互理解和发展友谊来追求经济增长，其合作涉及各类主题，包括机构和非机构的行为体。城市结对包含了许多差异化的倡议和政策，如资金共享、知识转让、责任和领导职责分担等（Jayne，Hubbard & Bell，2011）。有的城市结对协议需要正式签署，当然有的不需要这一过程。例如前面提到的几个瑞典城市（如哥德堡），在瑞典和中国的双边关系恶化后，哥德堡决定结束与上海长达 34 年之久的城市结对协议[1]。

对于地方政府之间的这种双边外交来说，其目标是多方面的：帮助发展中国家的城市发展，促进良好的治理实践，分享价值观以及文化，推动社会或经济交流等（de Villiers，2009）。从形式上讲，我们应该对"友谊城市"（friendship cities）和"姊妹城市"（sister cities）进行区分，尽管它们有时具有相同的含义。后者是一种有着广泛基础的长期合作关系，需要双方地方政府的最高官员签署协议，使之成为一种正式关系。这种协议的一个例子是罗马和华盛顿特区之间的城市结对，由两位市长在 2013 年签署。相比之下，"友谊城市"的模式没有城市结对那么正式，在某些情况下，它被认为是实现城市"姊妹关系"的初步阶段。然而，姊妹关系和结对关系也是非常多样化的，因为它们或多或少地涉及公民的意见。如果上述例子展示了罗马和华盛顿特区两个"第一公民"之间的契约，那么下一个例子则说明了私营部门和民间社会在决策方面的更多参与。这个例子也许是被引用最多的城市间合作案例，即国际姊妹城市协会（Sister Cities International，SCI）。SCI 是一个无党派的非营利组织，由时任美国总统艾森豪威尔于 1956 年创立；它重新组合了美国的姊妹城市、姊妹县和姊妹州，同时也接受美国和其他大洲城市的姊妹关系。

---

① https：//hongkongfp.com/2020/04/24/gothenburg-axes-twin-city-agreement-with-shanghai-as-sweden-closes-all-confucius-institutes/.

比尔和亚当报道了伦敦和加拉加斯之间具有争议的城市结对计划。2006 年，时任伦敦市市长肯·利文斯通（Ken Livingstone）计划与委内瑞拉总统乌戈·查韦斯（Hugo Chavez）进行城市交流。“作为向加拉加斯提供交通、规划和旅游建议的回报，伦敦将获得价值相当于 1 600 万英镑的能源。其计划是，伦敦将积极提升委内瑞拉在英国的形象，以换取一项可以补贴伦敦公交车燃料费，从而减轻伦敦交通局预算压力的协议。这项协议可以腾出资金让利文斯通为 25 万低收入伦敦市民提供优惠的公交车票。然而，这一努力造成了相当大的政策混乱，因为这项协议与英国政府对委内瑞拉的政策相抵触，而且英国没有任何宪法性规则认可这种城市间的协议。当然，也没有规则说这种协议是不被允许的，所以利文斯通市长继续追求着他的目标。但是由于利文斯通在 2008 年的选举中败北，这项计划最终没有实现，并且当时他也正准备结束这项交易，而新市长在上任后则立即取消了整个项目”（Beall & Adam，2017，p. 19）。

城市之间的合作往往是在结构与网络的支持与协调下进行的，这些结构和网络越来越具有跨国性质，并且比城市结对这一简单的双边关系要广泛和复杂得多。事实上，在城市结对的做法成功传播到世界各地，并带来经济和社会改善之后，城市进一步推行的措施有效推动了网络的建立。重要的是，这一网络不仅包括城市，还包括其他非国家行为体。因此，新的关注点已经从城市结对的重要性转移到了网络和联盟的重要性。城市网络的意义已经超越了城市结对的成就，因为它涵盖了具有争议的非城市行为体以及私营部门代表。可以说，网络正在有效地给予城市它们所期待的国际知名度。

在城市外交的众多不同举措中，城市网络特别值得一提。网络为国际体系中的城市外交提供了核心基础设施（Acuto，et al.，2017；Acuto & Rayner，2016；Bansard，Pattberg & Widerberg，2017；Baycan-Levent，Gülümser Akgün & Kundak，2010；Jayne，et al.，2011；Stanley，2005）。鉴于国家政府时常无法在全球范围内达成重要协议，各城市已经开始相互关注，以便以更有条理的方式协调它们的共同利益和理想计划，以及获得更多的国际影响力。在这些跨城市平台中，各城市聚集在一起，分享最佳的治理实践经验，在自愿、对等的基础上进行合作，并建立伙伴关系，而这些伙伴关系通常还涉及私营部门。在过去的几十年里，这些网络已经发展成为强大的城市联盟。在城市联盟之中，通过共同解决普遍性全球问题，城市可以推动变革。这些全球问题涉及多个领域，从气候变化到公共交通与基础设施建设，从安全到健康再到和平建设，等等。据统计，城市与城市之间的网络已经从 1985 年的 55 个发展到 200 多个（Acuto & Rayner，2016），往往同一个网络涵盖多个主题（即多功能网络）。虽然许多城市都是国际网络的一部分，但是通常只有 1%的城市预算用于城市网络和国际活动。而且大多数情况下，没有关于城市网络内部管理和谈判的具体章程。网络可以是国家的、区域的或国际/全球的。在阿库托等人（Acuto，et al.，2017）研究的 170 个案例中，基于国家的网络仍然是大多数，占 49%：这些网络由中央政府规划。这些数据显示了国家在国际关系中的重要性——在一个国家衰落的时代，作为城市网络的创造者，国家仍然十分重要。国家城市网络的一些重要例子包括：

● 美国市长会议（US Conference of Mayors），包括 1 400 多个人口超过 3 万人的美国城市。

● 意大利全国城市协会（Associazione Nazionale Comuni Italiani，ANCI），其成员几乎都是意大利的城市政府。

● 英国的关键城市集团（Key Cities Group），它汇集了英国中等规模的城市，并与其他类似的次国家城市协会共存。

● 荷兰城市协会（Association of Municipalities of the Netherlands）。

● 卢旺达城市协会（Association of Municipalities of Rwanda）。

区域网络和国际网络的名气越来越大：前者占案例总数的 21%，后者占 29%。虽然以国家为基础的城市组织仍然很分散，但在国际层面上，城市网络正在蓬勃发展。重要的区域城市网络包括：

● 欧洲城市联盟（Eurocities），它汇集了欧洲的 130 多个大城市，总人口超过 1.3 亿人。

● 欧洲城市和地区理事会（Council of European Municipalities and Regions），它由其他小型的城市协会组成。

● 南方共同市场城市网络（Mercociudades），它包括南方共同市场地区的 160 多个城市。

● 城市网（CITYNET），它汇集了 20 多个亚太地区国家的

100 多个成员。

● 伊斯兰首都和城市组织（Organization of Islamic Capitals and Cities，OICC)，它是阿拉伯半岛最大的协会，隶属于伊斯兰会议组织（Organization of Islamic Conference，OIC)。

● 地中海城市（Med Cities)，它成立于 1991 年，现在汇集了来自地中海海岸的 50 多个城市。

国际城市网络的数量和力量正在增长。有些是长期存在的，有些是最近才出现的。它们的目标都是对重大的全球问题产生影响。重要的国际城市网络包括：

● UCLG——世界城市和地方政府联盟（United Cities and Local Governments)。它成立于 2004 年，是世界上最大的次国家政府组织，拥有来自全球各地的 24 万名成员（包括城市、地区和区域)。UCLG 代表着世界一半以上的人口，因此它将自己视为民主和地方自治的倡导者，代表着联合的声音。从结构特点来说，它有专门的委员会负责分权、地方发展、文化、性别平等和社会包容、人权、参与式民主、城市战略规划、流动性以及城市外交等主题。此外，UCLG 还有一个专门针对大都会地区(Metropolis）的部门。其活动主要包括跨国会议、联合国层面的宣传、点对点培训以及城市政策制定和实践方面的交流。

● C40——城市气候变化领导小组（Cities Climate Leadership Group)。在时任伦敦市市长肯·利文斯通的倡议下，该组织发起于 2005 年，现在有 90 多个成员城市：从悉尼到约翰内斯堡，从里约热内卢到香港，还包括米兰、罗马和威尼斯以及东京、首尔、洛杉矶和墨西哥城等超大城市。总的来说，它在全世界每12个人中就有1个代表，而且占整个世界经济规模的25%。C40的使命是自下而上地解决气候变化问题，因为城市是环境安全的关键因素和强制通道（obligatory passage）。它的网络活动超出了峰会和会议的范围，其目标在于减少二氧化碳排放，倡导各国政府和私营企业采取实质性行动。C40目前由伦敦市市长萨迪克·汗（Sadiq Khan）担任主席，并在最近几年开展了密集的游说活动，例如在蒙特利尔（COP11，2005年）、哥本哈根（COP15，2009年）和巴黎（COP21，2015年）举行的联合国气候变化框架公约多轮谈判中都有C40的身影。

- ICLEI——宜可城—地方可持续发展协会（International Council for Local Environment Initiatives）。它成立于1990年，聚集了致力于城市可持续发展事业的地方政府。其成员不断增加，目前有来自世界84个国家的1 200多个城市、城镇、省和地区。ICLEI基于自下而上的策略，认为由地方设计的倡议是实现国家和全球目标的关键、有效且经济的手段。它提供培训、咨询、信息和技术支持，以及正式和非正式的知识共享和能力建设平台。

- 世界卫生组织健康城市项目（WHO healthy cities）。世界卫生组织早在20世纪80年代就发起了这个项目，主要针对公共卫生问题，该项目将4 000多个城市联系在了一起。

- 市长契约（Compact of Mayors）。它由时任联合国秘书长潘基文和纽约市前市长、联合国城市和气候变化问题特使迈克尔·布隆伯格于 2014 年共同发起。它是一个由城市领导人组成的全球联盟，其目标是通过协调地方气候行动，实现应对气候变化的共同目标。通过衡量城市对气候的影响以及分析相关风险，市长契约的成员同意采取本土行动，如制定减少温室气体排放的目标等。市长契约是与 C40 集团、ICLEI、UCLG 和联合国人居署共同合作应对气候变化努力的一部分。2016 年，它与欧洲的市长公约（Covenant of Mayors）合并为新的全球气候和能源市长公约（Global Covenant of Mayors for Climate and Energy），将全球 119 个国家的 7 000 多个城市联合了起来。

● 和平市长倡议（Mayors for Peace）。它由时任广岛市市长荒木武（Takeshi Araki）于 1982 年在日本成立，是一个旨在促进和平的全球城市网络。特别之处在于，它倡导在 2020 年前消除核武器。截至 2017 年，该网络已经有来自世界各地的 7 400 多个成员城市参加。

● 全球市长议会（Global Parliament of Mayors）。根据本杰明·巴伯 2013 年著作《如果市长统治世界》（*If Mayors Ruled the World*）中提出的大胆建议而创建。总部设在荷兰海牙，于 2016 年 9 月由来自各大洲发达及发展中国家的市长们发起，其目标在于确定公民的公共产品和利益所在。全球市长议会是一个全新的全球民主治理机构，旨在成为“一个共同城市声音的全球传声筒和一个共同城市行动的全球平台”。在这个意义上，它与现有的城市网络合作，为国际政策的制定提供更多的民主基础，从而打造“一个由城市统治的星球”。

● 超大城市计划（Mega-Cities Project）。一个连接世界上 18 个主要大都会城市区的网络，以鼓励思想和技术的交流。

● AIVP——国际城市和港口协会（Association Internationale Villes et Ports）。它是由港口城市组成的世界城市网络。作为有趣的部门化网络，它将城市作为全球海洋一体化的重要节点。

城市在决定加入国际网络时，有着各种各样的考量。根据波士顿大学城市倡议报告，市长们选择加入网络的主要原因包括：通过团结在共同利益周围，他们有机会扩大信息来源（占比 32%）；向本地选民发出信号，表明他们是城市优先考虑的对象（占比 25%）；与其他城市交流最佳治理实践或其他信息（占比 23%）；作为对相关问题领导权真空的回应（占比 14%）（Lusk & Gunke，2018）。通常情况下，相比于处在网络之外的市长，在加入国际网络后，市长们会对特定问题变得更加敏感，并且开始感觉到一种主人翁意识，从而抵制那些错误的政策。

城市网络并不局限于城市，其他类型的行为体也经常加入其中，如地区、省、智库、慈善基金会和国际组织。例如，在飓风卡特里娜和飓风桑迪造成灾害之后，洛克菲勒基金会于 2013 年建立了百座韧性城市网络（现已解散）。该网络诞生的动机在于，地方政府需要有关赈灾的指导，并且在与社会弊病进行持续斗争时需要帮助。同样，布隆伯格慈善基金会（Bloomberg Philanthropies）也推出了许多不同的项目，通过促进公共部门的创新能力，以及向世界各地的城市传播有效且有前景的解决方案，以提高城市应对重大挑战的能力。联合国教科文组织还在教科文组织创意城市网络（UNESCO Creative Cities Network，UCCN）中与200多个城市建立了伙伴关系。

城市网络的主题多种多样，有时一个网络有着多个不同的目标。第一批被定义为城市网络的组织（可以追溯到19世纪末），大多致力于城市治理和行使代表权（representation），城市网络的重要性在随后的几十年里不断增加；当时很少有组织致力于其他主题，如环境、发展或经济。这种趋势随着新千年的开始而转变。例如，随着科学发展，有关人类活动将导致气候变化的观点得以普及，城市因而具有了一个新的重要角色，即它们是温室气体排放最多的地方。除了应对环境问题，许多网络还被其他的新主题所吸引，如性别问题、和平建设、贫困和不平等（Acuto, et al.，2017）。从政治视角观察，我们可以看到网络内部存在不同的形态。例如，网络主题的重叠可能会对网络的良好运作造成障碍。城市参与的网络越多，其行政结构就越会由于通信、物流和人员等原因变得不堪重负。在城市网络中，有所作为的城市一般都是组织良好且资金充足的。网络也可能受到周围环境的影响，因为网络和城市之间的目标相似性可以作为城市选择网络的标准：从理性的角度来说，当网络的目标和它成员的目标相似时，最有影响力、最显眼和最有效率的城市将以牺牲其他城市为代价而行动。

主办全球活动是城市国际影响力投射的另一个重要组成部分（Acuto，2013b；Andranovich，Burbank & Heying，2001；Cochrane, et al., 1996; Forcellese, 2013; Giulianotti, 2015; Shoval, 2002)。虽然组织全球活动受到经济利益的驱使，但是在这里对它进行讨论，是因为它会对公共关系产生影响。就曝光率来说，排在前三名的全球活动依次是奥运会、国际足球联合会（FIFA）的世界杯和世界博览会。重大事件可以对主办城市的软实力、观感和国际声誉产生多重影响。事实上，我们可以注意到，举办这样的全球活动对一个城市的发展和国际形象的塑造来说意义非凡，而把这些活动的重要性仅仅归结为经济利益显然有失公允。特别是在 1984 年洛杉矶奥运会成功举办之后，各城市为赢得大型国际活动主办权而进行的竞争明显增加。在一个超距离竞争日益激烈的时代，这些活动被视为提高自身全球地位的工具。国际活动如此重要，以至于各大城市都成立了准独立的公司来主持这些活动的日常运营。类似的例子有“伦敦与合作伙伴”（London and partners），它平均每年举办 80 场活动，每年收入达 4 亿英镑。还有“米兰活动”（Eventing Milan），仅在 2016 年它就举办了 4 万多场活动，有 500 万名游客参与，对米兰市 GDP 的贡献达 8.86 亿欧元。

事实上，我们需要考虑这样一个问题：如何通过大型国际活动所带来的知名度，将主办城市全球地位的提高转化为城市国际议程影响力的相应提升。换句话说，组织一个成功的全球活动，它潜在地意味着城市在国际决策中拥有更大的权重。此外，举办全球活动，相当于为城市的大型基础设施建设提供了资助。在活动结束后，这些基础设施可以用于公共事业，如住宅或公共住房；或者作为旅游景点，如体育场馆、纪念碑或展览馆。最后，这些活动的成功举办，也意味着主办城市有机会实现其他外交政策目标，从文化发展到经济促进，从行政知识与最佳治理模式的交流合作到环境或人道主义问题的宣传运动。需要注意的是，这些活动除了在举办过程中存在特殊的复杂性，它们的筹备过程也面临着大量风险，例如候选资格、谈判、游说和来自各方的施压。考虑到较高的失败风险，筹备过程需要所谓的"大型活动战略"（mega-event strategy），因为它需要包括市长、地方政府、公共行政部门和企业在内的共同努力和协调行动。尽管这已经相当复杂，但我们依然不能忘记，这其中还包括各个次国家行为体和中央政府之间的合作，因为这归根结底是一项多层博弈。

经济：推拉活动、地区营销和城市品牌化

对经济利益的追求是城市走向国际舞台的主要动力。城市外交的经济动机不能被忽视，在世界经济高度一体化的背景下尤为如此。私利在这里占据了上风，其中城市主要通过吸引投资和出口货物来追求物质利益。一般而言，城市追求经济利益有两种基本方式。经济拉动型活动通过以下方式吸引资本：（1）游客与访客；（2）作为全球机构、公司或第三方机构的总部所在地；（3）举办大型博览会和展览会（如世博会）、申办奥运会或举办其他体育比赛（如足球世界杯、一级方程式比赛、地区锦标赛）。

而经济推动型活动则通过商业伙伴关系和最佳实践协议输出（export）当地的知识、商品和服务，并且通常是在地理位置相似、行业专业性和经验相似的城市之间进行（例如，拥有大型港口或拥有悠久纺织业传统的城市）。

对于促进经济发展来说，基本的工具箱包括促进外来投资、贸易代表团和贸易展览、旅游推广和人才吸引。为了推动城市的商业交流，在外国直接推广本土的经济结构也是一种可行的方案：通常做法是为相关经济部门的经营者举办特定的晚会或活动。以意大利北部城市维罗纳为例，它为和意大利建交的所有国家提供“目的地维罗纳”（Destination Verona）活动。除此之外，城市开展的经济推广活动往往形式多样，包括申办和举办奥运会等重大活动、文化投资、最佳治理政策交流、参与各种类型的国际网络、城市与建筑设计和基础设施投资等。此外，市长的讲话、媒体的文章和城市的网络形象也会发挥作用。

经济拉动（pull economy）是最常见的城市国际行动类型，以至于越来越多的全球城市，如纽约、东京或伦敦，都有专门从事这一领域的办公室（Van Der Pluijm & Melissen，2007）。因此，值得注意的是，在促进海外资本流动和推动旅游业发展的活动中，城市公共管理的专业化水平有着较为普遍的提高。这些经济促进机构大多位于大城市，这些城市的经济规模往往大于中等国家。但是，即使是较小的城市也经常追求同样的目标，也致力于通过外交手段为其社区带来经济利益。除此之外，城市还采取各种各样的外交行动，鼓励国际公司和机构将总部转移到其境内。这方面的例子是法兰克福，它是世界上最大的金融中心之一，欧洲中央银行和德意志银行等都在这里。另一个例子是海牙，尽管规模不大，但它是全球的国际法中心，拥有国际法院(International Court of Justice)、国际刑事法院（International Criminal Court）和海牙常设仲裁庭（International Tribunal)。

旅游业已经成为世界贸易的主要类型，排在能源、化工和食品产业之后的第四位。在全球范围内，像伦敦和香港这样的城市仍然是旅游的顶级目的地。许多欧洲城市，如罗马、佛罗伦萨和米兰，它们作为宗教、文化和时尚的中心吸引着游客。由于旅游业是城市重要的经济拉动工具，许多城市致力于将自身打造为旅游目的地以实现经济转型。经济促进、旅游和投资之间的联系十分紧密，在某些方面，我们可以将旅游和投资视为经济促进的一个专门类型。事实上，旅游和投资一方面代表着财政收入，另一方面还意味着城市的吸引力。就经济促进来说，城市没有排他性，城市之中的公共机构和私人机构都可以推行吸引人才与投资的政策。甚至公民和文化机构也可以实现同样的效果，无论它们是作为地方机构的分支还是作为独立的实体。因此，城市的有机性质允许众多相互竞争的机构共同为提高城市的国际形象做出贡献。而旅游业受城市形象的影响最为强烈：有许多因素决定了游客的选择。首先，人们会被历史遗产、文化和时尚所吸引，这解释了为什么意大利和法国的城市到访次数最多。其次，游客会被生活方式、社会氛围、开放性、宽容度所吸引，总的来说，他们会被生活质量所吸引。西班牙的城市（尤其是巴塞罗那和马德里，它们被认为是西班牙最国际化的城市）和所有北欧国家的城市就是很好的例子。最后，技术和金融所发挥的作用也不容忽视。纽约、伦敦和香港一直是最值得去度假的城市，因为它们一般象征着人们对美好生活的最终期待。比如在电影和书籍中，华尔街总是以全球财富中心的名称被反复提及。然而，令人瞩目的是，在 2017 年世界最受欢迎城市的评选结果中，前十位有 7 个来自亚洲大陆。

教育构成了城市经济拉动效应的又一个重要维度。从学生吸引力到同城校友（city alumni），留学生对城市的价值远远超过了他们支付给大学的费用或是他们在当地的消费。这是因为，城市的价值在于它所建立的长期关系，其中就包括学生对一座城市的终生好感。因此，城市外交战略对招生的关注度越来越高，城市与大学的合作也得到了不断的加强。在学习期间，学生不仅会收获来自特定课程的知识，而且还会因为在城市中生活而提升对城市的整体体验。随着国际学生走出学院或大学，融入城市生活，他们之间可能会建立起共同价值观和长期友谊。在这一点上，老牌和新兴的世界城市都出现了一个明确的趋势，那就是都寻求吸引来自新兴市场城市和国家的学生。而老牌城市往往能够凭借其形象优势以及大学的世界级声誉，吸引更多的国际学生。

对于城市经济的拉动来说，诸如奥运会、世界杯或世界博览会这类大型活动，它们不仅重要，同时也越来越具有争议。这些活动无疑为城市带来了巨大的曝光度。它所带来的好处包括：部门业务的改善，与投资和伙伴关系有关的重大公共—私人合作，以及旅游业的扩大，等等。为了举办大型活动而进行的投资自然会促进城市的发展，城市也极有可能从中获利。当然，成功的关键似乎是将举办大型活动与城市的长期战略进行结合，就像伦敦奥运会一样，它被用来促进城市中心东移的政策。然而，如果管理不善，活动也可能导致债台高筑，产生包括腐败和犯罪在内的众多副作用。这就解释了为什么一些市长不愿意申办奥运会和其他高知名度的活动。例如，雅典奥运会给该市带来了巨大的损失，以至于它的市民至今仍在为这一活动买单。

经济推动（push economy）活动的重点是改善商业平衡，促进货物、服务和技术的出口。在大多数情况下，城市通过商业协议或联合协议来支持当地商品的出口。第一类协议允许增加在双方领土之上的公司之间的商业交流，即货物和服务的交流；第二类协议则是有关最佳实践或技术的相互交流。因此，第一类协议主要涉及经济产品，即根据市场动态进行销售的产品；而第二类协议涉及技术和能力，它并不涉及直接的经济收益，但会为双方提供长期的共同利益。对于后者来说，具体例子是安特卫普和德班之间的伙伴关系。

为了获得经济收益，城市之间会进行竞争。如前所述，它们这样做是为了吸引跨国公司、国际组织和超国家机构（如在英国脱欧后的欧盟）的分支机构和业务中心、国际活动和体育赛事。对重大国际活动举办权的竞争是城市直接开展外交活动的一个很好的例子，因为这样做可以获得高额的经济回报。在这里，城市之间进行的正是第一层博弈（first-level negotiation），这既是为了提高它们在世界上的威望和声誉，也是为了给城市吸引大型基础设施与发展项目，这些项目的价值注定能够持续到活动结束之后。然而在这种情况下，仅凭城市外交官的承诺是不够的，城市必须与其他国家行为体展开更广泛的合作。

地区营销和城市品牌化在城市外交的经济促进活动中越来越重要（Kotler，Haider & Rein，1993；Valdani & Ancarani，2000）。城市品牌化（city-branding）是经济拉动型活动中特别值得关注的一个方面，这种做法包括将商业营销技术应用于城市的推广，将城市像商品一样进行宣传，如“我爱纽约”（I love NY）或“约堡，一个世界级的非洲城市”（Joburg，a World Class African City）（Lucarelli & Berg，2011）。在吸引投资中，最成功的城市是“新世界城市”。而在这些城市中，我们又可以把阿姆斯特丹、柏林和哥本哈根挑出来，因为它们拥有先进的宣传工具，推动投资者在它们身上下注。这三个城市的地区营销经过了精心的设计，它们的口号是“我是（阿姆）斯特丹”（I Amsterdam）、“成为柏林”（Be Berlin）和“商人之港”（Cop en hagen）。这些口号所表达的信息主要针对个人，其目的是激发他们追求利益的欲望。很明显，城市的对外形象也可以与它们所属的国家无关。虽然作为地区营销的工具（Kavaratzis，2004），城市品牌化主要集中在经济领域，用于吸引投资、旅游和大型活动（Lucarelli & Berg，2011），但在政治层面它也同样重要。品牌建设可以变成身份认同建设（Kavaratzis & Ashworth，2005）。事实上，正是通过城市叙事的建构，城市得以建立起某种公共想象，从而增强软实力，并在国内和国际层面影响政治进程。哥伦比亚的麦德林市是一个有趣的例子，它说明了富有想象力的城市领导如何改变城市的国际形象。麦德林市曾经作为臭名昭著的毒贩巴勃罗·埃斯科巴（Pablo Escobar）的家乡而闻名，而现在人们可以在它的中产社区中享受市民空间和消费乐趣，并通过城市的新缆车网络参观城市周围的工人社区（comuna）。2013 年，麦德林市被颇具影响力的城市土地研究所（Urban Land Institute）誉为“世界上最具创新精神的城市”。2016 年，它还赢得了李光耀世界城市奖（Lee Kuan Yew World City Prize），以表彰它在创新和可持续城市解决方案中的贡献。这种转变被描述为不折不扣的“大都市奇迹”，其中一个重要原因便来自城市政治家的远见卓识，这使得麦德林市在 2014 年还主办了著名的联合国人居署世界经济论坛（Beall & Adam，2017）。

在全球城市的竞争中，城市需要一个强大、独特且可识别的身份。而城市营销的目的就是要生产与城市相关的情感联系，从而激活吸引力和人们的欲望。城市成为一种消费品，在全球吸引力市场上销售。当恰当的叙事在全球范围内传播时，城市营销就能获得成功。讲故事成为城市国际化战略的重要资产。它的目标是将城市与一种完全特殊的生活方式联系起来，而且这种生活方式在别处无法找到。生活的满足感、生活的质量、一生中仅有的一次体验都与这个特定的城市背景相联系。17 世纪和 18 世纪意大利的教育旅行（gran tour）就是一个典型的例子。当时，对于受过良好教育的西方人来说，在佛罗伦萨、罗马和威尼斯停留数月被认为是个人成长的必要步骤（Belfanti，2019）。后来，理想的去处变成了巴黎、伦敦，再后来又变成了纽约。纽约的城市品牌化建设以其著名的标志“我爱纽约”（I love NY）为代表，其中的“爱”字由一个风格化的心形表示。这个诞生于1976年的著名标志，由当时的纽约商业部委托给设计师米尔顿·格拉瑟（Milton Glaser）完成。而现在，它在海报、贴纸、T恤和冰箱贴中随处可见。

城市品牌化与城市潜在的软实力有关（Beall & Adam，2017）。从公元前5世纪的雅典，到15世纪的佛罗伦萨，从16世纪的伦敦，再到19世纪的维也纳，每一个经历过“黄金时代”的城市，都在它们当时技术允许的范围内吸引着思想、人才和商机。城市始终是理想和行动的蜂房，是文化、贸易和经济的爆炸性表达。一个城市越是开放、热情与国际化，它的软实力也就越能得到扩大和加强。

文化与环境

对于城市的国际影响力投射来说，文化是一个柔性但重要的层面。文化外交一直是国家在国外最重要的特权之一，这一点显然也适用于城市外交。行为体在国际舞台上推动的文化交流是一种促进相互了解的良好工具，可以刺激各方更好地合作，进而实现某些目标。最初，城市通过城市结对的方式在文化领域合作。

如今，这一框架已不再是开展城市文化外交的必要条件，城市之间的关系也变得更加广泛。当前，文化外交涉及跨文化交流、移民网络、相关文化中心（博物馆、画廊、剧院）的设立、大型活动（艺术展览、音乐表演或电影节）的组织或为期一年的欧洲文化首都（European Capital of Culture）的任命。通过建设博物馆、培养艺术家和设立文化机构，城市获得了文化的丰富性，并加强了其对外影响的投射能力。

举一个文化外交的案例。冷战期间，意识形态在美国对北约盟国的外交中起着核心作用，其目的是加强和维持西方集团的文化共识。美国的政策制定者认为，文化外交行动是美国国家安全政策的一个组成部分。城市对国际社会文化活动的平行参与也可以追溯到同一时期，当时美国的联邦政府和欧洲的地方政府在铁幕两侧推广了城市结对项目。这些地方倡议的目的在于，通过促进社会和文化交流来防止新的敌对行动爆发。

社会文化领域已经逐渐成为地方政府对外行动的主要对象，以至于到今天，它已经是日益增长的城市外交现象的一个基本特点。最近的城市伙伴关系协议表明，社会文化领域的城市外交，实际上在许多情况下发挥着主导作用，甚至超越了传统的城市结对倡议。城市在这一领域的外交行动有着很多具体的方式：从合作举办展览、表演和一般的艺术演出，到参加体育赛事的年轻人或参加教育项目的学生之间的交流；从公立医院之间或大学与研究中心之间的合作，到一般组织机构代表的文化访问，再到制定推广和保护文化遗产的共同准则。值得注意的是，鉴于人员交流和思想交流之间存在着必然联系，因而人员流动往往是社会文化领域的行动首选。这也是任何旨在拉近人与人、文化与文化之间距离的行动的基本考量。文化在城市外交行动中的重要性日益增加，这一点在世界城市和地方政府联盟文化工作组的《21世纪议程》（Agenda 21）中得到了承认，该议程规定了文化促进应成为每个城市战略的中心。

许多城市都对文化事业进行了大量投资，其中著名的例子来自海湾地区。迪拜已经制定了明确的战略来吸引世界知名大学，以塑造其教育中心的形象。同样，阿布扎比也在吸引博物馆方面进行了大量投资，开设了古根海姆博物馆和卢浮宫博物馆的分支机构。在网络方面，值得再次提及的是联合国教科文组织的创意城市网络。该网络创建于2004年，旨在促进将创意作为可持续发展战略目标的城市之间的合作。目前组成该网络的城市共有246个，它们为了一个共同的目标而努力：将创造力和文化产业作为地方发展计划的核心，并在国际层面上积极合作。这是混合网络的另一个例子，国际机构和各大洲的城市共同合作，在城市背景下促进文化的跨国交流。

环境保护是众多城市外交行动中最难协调的领域之一，但同时也是地方政府参与度增长最快的领域（Betsill & Bulkeley，2004；Bulkeley & Schroeder，2009；Castán Broto，2017；Reckien，et al.，2018；Setzer，2015）。尽管在主要的外交活动中，环境在传统上很少受到关注，但今天它却在国际层面成为一个越来越重要的话题。例如，全球变暖问题具有明显的地方性特点。城市在这一领域日益活跃，我们需要注意的是，在国家分权的基础上，地方政府被越来越多地赋予土地管理、废物处理、城市交通以及能源消费等国家关键部门的权力（Betsill & Bulkeley，2004）。因此，环境问题的纯地方性，以及城市在限制生态退化方面日益增强的能力，使城市在这一领域发挥了越来越多的作用。此外，值得注意的是，有时地方政府对环境问题的干预是通过跨国网络和国际城市与地方政府协会集体进行的。而这些协会通常被动员起来，以回应各自国家政府在环境治理中的低效或不作为现象。地方环境举措国际理事会、城市气候保护项目（Cities for Climate Protection）和克林顿气候倡议（Clinton Climate Initiative）都是这类协会的例子。

同样值得强调的是，在环境领域，联合国的各相关机构与地方政府之间也有着密切的关系。联合国人居署与世界城市和地方政府联盟在 2004 年签署的合作协议就是一个突出的证明（Gutierrez-Camps，2013）。这些国际协会的行动有双重目的：一方面，集体制定环境可持续发展的地方政策；另一方面，影响和推动各自国家的政府，使国际社会对我们居住的星球有更进一步的认识。通过这种方式，地方政府和国家得以建立联系。这再次凸显了两个重要的因素：虽然在城市外交的政策目标中，政府的影响力仍然很强，但是在全球治理体系中，多层行动逐渐加强，而城市成为外交领域的一个活跃行为体。

和平与安全：在冲突之前、期间和之后

城市外交的一个重要行动领域是和平与安全。从城市和平建设（Björkdahl，2013；Routledge，2010）到城市不安全（insecurity）（Ashworth，1991；Graham，2010；Rodrigues，Brancoli & Amar，2017），再到战争地区的和平建设倡议（Gartung，2000；Van Der Pluijm & Melissen，2007），城市在和平与安全领域一直是非常积极的行为体（Desch，2001；Graham，2010；Musch，2008；Stanley，2003）。近年来，除了国家之外，其他行为体也致力于帮助那些处于或曾经处于武装冲突局势中的国家和人民。而且这并不是新近发生的事情。诸如非政府组织、民间社会团体、宗教团体等无疑在这些情况下发挥了巨大的作用。而城市能够在这一领域发挥重要作用的原因在于，冲突的根源和造成的后果往往都发生在城市之中。正因为如此，有一个像城市这样能够理解本土需求的对话者显得至关重要。在国际关系中，城市还有着另一个特殊的价值，即城市通常被认为是中立的行为体和诚实的中间人，这源自它们不拥有军队的事实。特别是随着二战结束，城市与城市之间的互动构成了战后重建与援助，以及在冲突情况下通过城市结对项目提供援助的主要范例。今天，城市通过帮助其他地方政府发展善治，促进和平与发展。城市外交在安全层面发挥作用的证据，可以从城市在冲突地区推行的新策略

中找到，而现在的这些新策略已经不同于传统的城市结对。其中，世界城市和地方政府联盟建立的“危机预防和管理工作队”（taskforce for crisis prevention and management）便是一例。

冷战结束后，随着世界格局从权力平衡的两极体系过渡到目前以多元行为体和动态变化为特征的多极体系，新的战争变得更加频繁。伴随着新的冲突和参与冲突的新兴行为体的出现，国际关系中涌现了大量新式外交工具，并且解决冲突的参与者规模也在扩大。在这种情况下，我们可以看到，在冲突的解决和预防中，以及在冲突的调解与和平建设中，地方政府和城市的参与逐渐增多（Stanley，2003）。在这方面，范·德·普莱姆（Van Der Pluijm）讨论了安全话题开始在城市外交中发挥主导作用的原因。首先，鉴于冲突爆发的主要原因，以及在冲突爆发中受到影响的主要受害者往往是当地人，城市似乎是提供专业知识的最佳政治实体。其次，尽管存在中央向地方政府的分权进程，但国家仍然是国防领域的专属管辖机构。因此，城市是没有军队的政治实体，也正因如此，城市不太可能仅仅将冲突视为军事问题。由此可见，在战争地区的国际行动中，城市将使用与国家传统军事手段不同的策略。最后，与国家相比，城市与国际社会的联系较少，它们往往很少通过单一的声音来表达自己的观点。因此，对于参与冲突的各方行为体来说，城市是一个多样化的潜在对话者。由于上述因素，一方面，城市似乎被认为更接近最新的冲突现实；然而另一方面，城市也被参与冲突的各方认为更具中立色彩（Van Der Pluijm & Melissen，2007）。

从历史的角度来看，有趣的是，地方政府对安全事务的参与可以追溯到殖民时代。当时，英帝国属于第一批推动印度地方社区参与治理的国家，其目的在于防止骚乱或暴动的发生。这个早期的案例为如下观点的提出提供了基础：地方社区不仅是冲突的来源，还是维持和平的来源。然而，如果要再次看到城市之间的安全合作，则要等到二战之后。在这方面，我们只需回顾一下前面提到的西欧和美国的城市与东欧城市之间跨越铁幕的城市结对倡议就够了。然而，我们可以看到，通过发展逐步专业化和职业化的外交行动，当代的城市外交已经与 20 世纪 50 年代简单的城市结对大有不同。事实上，随着国际社会逐渐认识到安全与发展之间的积极联系，促进有效的地方治理便被更多地视为解决冲突和维持和平的有效工具。因此，我们得以见证国家和城市在国际安全领域的角色多样化发展。其中，前者越来越多地局限于为和平项目提供资金，而后者则主要发挥着实施项目的实际作用。

在与冲突有关的活动中，城市可以选择在三个不同的时刻进行干预：冲突爆发之前、期间和之后。第一，当干预发生在暴力事件开始之前时，人们谈论的是预防性行动，以避免当前局势恶化。从历史上看，城市的这种行动在很多情况下有效地限制了冲突的破坏性后果。这方面的主要例子是广岛市市长在 1982 年发起的和平市长倡议，其目的是防止未来核战争，并促使国际社会关注核武器的废除。另一个例子是，荷兰城市协会的国际合作机构于 2003 年推动成立的卢旺达协会（Association Rwandan），其目的在于防止在种族大屠杀后的卢旺达出现新的反人类罪行。同时，卢旺达协会也致力于减少贫困，促进分权，推动合作以实现良好的地方治理，并防止未来出现新的种族紧张局势，等等。此外，其他有趣的案例还有美国城市有关反对伊拉克战争的动员，20 世纪 50 年代佛罗伦萨市市长乔治奥·拉·皮拉（Giorgio la Pira）发起的为了制止核升级的“世界各国首都市长大会”（Congress of Mayors of the Capitals of the World）。的确在有的时候，这种城市行动主义会产生重要结果：荷兰城市协会在卢旺达的干预是有效的，它促成了“卢旺达地方政府协会”（Rwandan Association of Local Governments）的成立。

第二，城市仍然可以在冲突期间开展外交行动，即冲突解决。这种情况下的例子有：一方面，在巴以冲突中，大量欧洲和加拿大城市参与了调解和监督工作；另一方面，我们还可以记起美国城市如丹佛、达拉斯和费城，与伊拉克城市如巴格达、基尔库克和摩苏尔之间的城市结对。此外，在冲突局势中，如果有关国家没有得到国际承认，那么城市的干预行动可以代替国家的外交。而城市在冲突期间的活动，有时甚至只是为了试图减轻受害居民的痛苦，如意大利的“意大利中东和平中心”（Italian Center for Peace in the Middle East）的情况。它由地方政府代表组成，直接进行现场干预，提供诸如饮用水处理等技术帮助。

干预的第三个也是最后一个阶段是在冲突结束之后。在这一阶段，城市外交大多与发展地方的民主制度相关。这里的例子包括荷兰地方政府为支持波斯尼亚城市福伊尼察政府而举办的会议，以及加拿大许多城市在菲律宾的合作工作。在这些情况下，重要的是要了解战争对居民造成的创伤意味着什么，并以最适当的方式让居民参与进来，重建心灵与家园。

在所有的这些活动中，游说（lobbying）在冲突的任何阶段都是城市外交行动的重要活动，它包括提醒公众关注居民处境的社会运动、表达团结和道义上的支持等。除游说外，第二类活动涉及人道主义项目，比如旨在改善社区规划进程或市政服务的项目，它可以支持和平建设和重建进程。最后一类活动包括一系列对话，其目标在于（重新）建立信任，（重新）建立非暴力的冲突解决方式，当然也包括加强冲突地区的社会凝聚力等。上述三类活动的表现形式多种多样，如谈判、调解，或是体育与文化活动。而外交活动则涉及两个层面：国际（主要是通过网络、平台等进行对话和游说的活动）和地方（涉及上述三类活动）。

在这方面具有重要意义的是《海牙城市外交议程》（Hague Agenda on City Diplomacy）（United Cities and Local Governments, 2008），它强调我们没有充分认识到地方政府在冲突中的作用，包括其积极和消极贡献，并重申城市外交如果能够适当启动，可以有助于预防和解决暴力冲突。在冲突预防与和平干预战略的相关政策中，我们应该更加重视地方政府在这一领域的关键地位和选择。世界城市和地方政府联盟建议的具体行动包括：在各专业之间分享最佳实践策略，更好地培训民间工作人员，加强与民间社会组织的合作，更好地与国际捐助者和国家/国际机构接触。这些机构包括：欧洲委员会的地方和地区政权代表大会（Congress of Local and Regional Authorities），欧盟的地区委员会，联合国建设和平委员会，联合国政治事务部，联合国开发计划署预防危机和恢复局（The UNDP Bureau for Crisis Prevention and Recovery），世界银行脆弱和受冲突影响国家小组（The Fragile and Conflict-affected Countries Group），等等。

然而，相较于严格意义上的冲突，城市安全合作涉及的范围更大。例如，城市安全合作的新近关注点是暴力和恐怖主义。一些城市与国家安全机构联合开展了一定程度的合作。2015 年推出的反对暴力与极端主义的强大城市网络（Strong Cities Network，SCN）就朝着这个方向发展。另一个有趣的案例涉及针对军火市场的城市行动主义。2016 年，美国剑桥市市长丹尼斯·西蒙斯（Denise Simmons）决定将城市养老基金与核武器的生产脱钩，最终有效地将 10 亿美元从生产核武器的公司中剥离出来。并且，这类抵制活动的数量在不断增加。另一个有争议的案例是关于以色列/巴勒斯坦的 BDS 运动（Boycott，Disinvest，Sanctions，即抵制、撤资、制裁），爱尔兰、挪威、西班牙、瑞典、法国、英国、意大利、比利时和澳大利亚的几十个城市决定加入这一运动。这些城市的行动给以色列造成了巨大的国际争议，并在某些情况下，使它们与自己的国家政府产生了紧张关系。例如，2019 年 12 月，时任英国首相约翰逊宣布禁止地方议会加入抵制活动，而这恰恰是仿照前首相撒切尔夫人在 1988 年的做法，当时她反对本国城市为抵制南非种族隔离制度所采取的行动。

人权、移民与发展

城市外交对人权的关注越来越多。尽管城市和地方政府仍然缺少正式的法律框架，但近几十年来，这些行为体在促进和保护基本权利方面的参与程度已经大大增加。特别是当地方政府试图确保这一规范性框架在事实上得到有效遵守时，城市的作用就变得更加明显。事实上，关于人权，只要想想地方政府在提供基础公共服务方面的职责就够了，比如城市在卫生服务、职业教育和培训、饮用水供应、社会和安全援助以及环境保护等领域的所作所为。同时，我们需要注意人权领域所具有的地方性特征，这一特征至少在一定程度上赋予了地方政府一定的合法性。一方面，城市是在法律上被承认的国际责任实体；另一方面，在政治上城市又是积极促进和有效保障这些权利的行为体。国际社会越来越认识到，一方面，城市化进程与新千年产生的许多妨碍有效尊重人权的问题之间存在关联；另一方面，城市与这些问题的管理息息相关。联合国框架内通过的 2030 年可持续发展议程就佐证了上述观点，它确立了城市和人类住区应当具有包容性、安全性、灵活性和可持续性的全球承诺。但是，城市与人权的关系并不仅仅是“内部”的，它也与城市的外部行动有关。

人权保护越来越被视为城市的对外目标之一，并且城市也在它的边界之外采取行动，推动这一目标的实现（Mazzucchelli,

2011)。这种现象不断增长的实际例子有：巴塞罗那——它在保障人权方面是一个领先的城市，甚至建立了一个非歧视问题办公室，致力于在其境内实施欧盟的反歧视政策；旧金山——它在争取性别平等方面处于领先地位，将《消除对妇女一切形式歧视公约》作为其众多政策的基础。此外，某些城市的承诺也十分重要，如阿姆斯特丹在国外支持 LGBT 权利：著名的例子是它在 2006 年游说里加允许同性恋大游行。在网络方面，与之相关的是城市生命网络（cities for life network），该网络几十年来一直致力于解决死刑问题。另一个有趣的例子是由纽约、阿姆斯特丹和巴塞罗那发起的"城市数字权利联盟"（Cities Coalition for Digital Rights)。各个城市首次联合起来保护数字权利，如隐私、数据主权、信息自决、参与式民主和地方与全球层面的互联网普及等。鉴于城市在促进和保护人权方面的参与度越来越高，"人权城市"的标签被提了出来，以界定这一领域外交行动最活跃的城市（Oomen，Davis & Grigolo，2016；Smith，2017)。更确切地说，人权城市一词表明，人权作为基本价值和指导原则，不仅在城市社区，还在城市的社会政治进程中发挥着主要作用，而这一点在 2011 年的世界人权城市论坛上得到了重申。

当代人权城市概念的一个具体方面是它对移民的关注。在一个以商品、服务和知识自由流动为特征的日益相互关联的国际体系中，近年来不断升温的移民问题在国际议程中获得了突出地位。同样，作为连接全世界居民的复杂系统中心，城市将移民问题列入其外交政策议程并不稀奇。在世界不同地区，移民占城市人口的比例越来越大，我们不可能忽视这一现象在国际和地方上产生的影响。一些统计结果对理解这一现象的实际影响有所帮助。首先，居民超过 100 万的大都市是移民最常见的目的地，这揭示了城市和移民之间的第一个重要关联。在全球层面，这些被定义为移民门户城市（immigrant gateway cities）的地区，拥有超过 4 000 万外国居民，相当于全世界外国居民的 17%（Price & Benton-Short，2008）。这意味着世界上大约有六分之一的移民生活在这些城市中。这些都说明了移民现象的重要性，因此我们应将这一问题列入国际议程，并通过地方和中央政府的共同努力进行治理。

在有关移民和少数族裔的社会包容多层政治战略中，我们可以看到一个明显的趋势。各类市政机构都设法通过多语言的多媒体通信手段，与城市的外国少数族裔及其社区组织建立联系。除此之外，城市管理部门通过收集统计数据，以及制定能够衡量社会和经济包容水平的指标，来了解其移民的人口情况。城市领导者往往通过召开发展大会或咨询委员会、建立与社区协会的联系渠道、有效关注与少数族裔有关的问题，以及在政治上促进和在法律上简化入籍程序等措施，将移民的社会融入作为其优先的政策事项。面对本地人口结构逐步变化的现实，一些移民门户城市做出了如前所述的积极反应，以减少移民带来的不稳定影响。

融入城市的移民会带来许多好处。许多城市，特别是西方国家的城市，面临人口下降、出生率下降、死亡率上升等困境，而移民的流入却可以补偿人口的流失。此外，从经济角度来看，移民一方面代表着更多的劳动力，而另一方面又意味着城市对服务的更多需求——房地产市场尤其如此。除此之外，移民必然会进一步丰富社会文化的多样性，并且有效地刺激创业。对于一个特定的社区来说，这些积极因素的结合部分解释了城市为何会越来越多地关注并执行有关鼓励移民融合的公共政策。

此外我们还需要强调，城市参与移民问题越发积极的原因，一方面与中央政府在这个问题上的不作为或治理低效有关，另一方面也与城市强烈的地方色彩有关，因为移民现象主要影响的是地方政府（Bendel & Stürner，2019）。最近出现的一些案例反映了国家政府和城市政府之间在移民问题上的紧张关系。在美国，有几个城市宣布自己为“避难所”（sanctuaries），暗示欢迎非法移民。在欧洲，一些城市制定了欢迎移民的政策，甚至对欧盟机构提出种族灭绝的指控，比如意大利西西里岛的巴勒莫。另一个有趣的例子来自巴塞罗那市市长阿达·科劳（Ada Colau），他在2018年以“外交访问”的方式前往意大利，为被意大利法院指控为进行犯罪活动的加泰罗尼亚非政府组织“敞开怀抱”（Open Arms）进行辩护。

发展是人权—移民—发展关系中的第三个环节。人道主义和紧急援助行动在历史上一直是城市和地方政府在国际层面上的首要活动领域。事实上，虽然最初民间社会在这一领域发挥了主要的——如果不是唯一的——作用，但从20世纪50年代开始，特别是随着欧洲和北美城市结对倡议的传播，市政府已经越来越多地参与到跨国发展援助项目之中。自二战结束以来，许多西方城市在国际团结的理想主义驱动下，在经济落后的国家通过城市结对项目参与当地的发展合作活动。与国家不同，城市往往在地方层级更为有效，因为在这里它们会表现得更专业。经验表明，自上而下的举措并不一定能带来最好的结果，因此，有必要重新思考援助与干预的措施，使其成为自下而上的计划，以实现更高质量的发展。

在发展领域，城市外交有两个主要的行动类型：人道主义援助和紧急援助。人道主义援助主要是对长期性危机进行干预，而紧急援助则主要是为了降低突发危机的危害。第一种类型的援助表现为国际贷款，现金捐赠，基于社会目标的基础设施建设——如学校、医院或自来水厂，分享最佳治理实践或技术，其目的在于加强政府的行政能力，并通过提高地方治理水平来促进民主。

第二种类型的援助发生在地震或海啸等紧急情况下，包括现金捐赠和对灾民的首次援助。发展援助是通过市长之间的直接联系和城市网络，或者通过代表市政府的公务员协会和民间组织而实现的（Hewitt，1999）。除了传统的城市结对活动，各个城市也逐渐开始寻找新的福利渠道，这也部分解释了近年来该领域政策工具的多样性和多元化发展。这类活动有时是由派驻海外的城市公务员进行的，就像外交官在大使馆里那样，他们代表城市，监督针对发展中国家或危机地区的援助项目。

在过去，发展援助主要指的是城市结对项目，而今天，城市网络是该领域的主导者。其中，最著名的城市网络是“千年城镇运动”（Millennium Towns and Cities Campaign），来自世界各地的城市都支持实现千年发展目标（Millennium Development

Goals)，后来它演变成为可持续发展目标（Sustainable Development Goals)。在这种情况下，城市所推行的外交活动既包括简单的表达团结，也包括更具体的实际行动，如调动资源或积极支持民间社会组织，直至对中央政府进行游说。协调国家和城市之间的外交行动是必要的，因为需要确保在发展援助领域它们有一个共同的对外政策。然而，这一想法的实现也存在困难，因为城市通常没有像中央政府那样的官僚机构，所以它们的工作效率较低，而且分布比较分散。

人道主义援助的具体例子来自捐助者—受益者之间的长期关系。如美国与莱索托、贝宁和喀麦隆，澳大利亚与东帝汶和斯里兰卡，加拿大与巴西之间的城市关系（Van Der Pluijm & Melissen，2007)。有关紧急发展援助类型的城市外交活动，即紧急援助，它的例子有国际社会针对伊朗巴姆市 2003 年地震、东南亚 2004 年海啸与巴基斯坦 2005 年地震的援助行动。

第三部分

面向未来

关于21世纪城市的结束语

在全球治理中，城市正在世界舞台上崭露头角，成为能够应对全球挑战，甚至推行自己外交政策的新兴角色。如今，国际事务愈加多元化，在世界舞台上的众多非国家行为体中，城市的重要性无疑正在增加。城市在国际社会中发挥着重要作用：由于拥有基础设施力量，它们是全球经济增长的关键引擎；它们容纳了世界一半以上的人口，并将在未来几十年内继续增长；它们鼓励交流，包容新思想的生产，接纳新的知识和新的政治与社会文化潮流；它们通常没有限制国家行动的主权负担，并且由于务实的治理风格，它们还享有更多的信任和公民支持。

因此，无论是在发达地区还是在发展中地区，无论是大型城市还是中小型城市，城市外交已经成为一项广泛的活动。城市的"大使"始终认真对待这项新的工作，他们意识到城市在世界范围内的影响力越来越大，而且他们需要在全球政策的制定过程中争取更多的参与权。城市通过连接、吸引、输出、追逐自己的利益，以及互动、游说、分享而走向全球。城市外交是由包括经济载体在内的许多不同载体组成的。如果把城市外交简单理解为商业互动，那将忽视它内涵的丰富性。作为国家外交政策的补充，城市经常在国际环境中独立行动（因此有“准外交”的概念）。与传统的国家行为体相比，城市在全球舞台上获得了越来越多的中心地位，这要归功于它们自身的“全球本土化”性质（“glocal” nature）。它们确实能够设计并提供针对本土问题的解决方案，以应对如今全球性、跨国界的威胁和问题——那些没有“护照”的新问题。城市对全球压力进行本土化回应，旨在通过日常的都市生活政策来影响全球治理。在“全球本土化”（glocalization）的理念中，城市是本土的，它足以在民众的掌控下实现具体目标，但城市又是全球的，它同样足以促成合作并带来变化。

城市外交将本土公民与全球事务联系了起来，从而克服了民主缺陷。因此，城市外交还应该被看作一个制度化的平台，它使城市能够连接全球和地方不同层级。在这个意义上，城市外交能够加强地方层面（即公民和政治家）对全球具体威胁的关注和参与，以及对共同福祉和韧性的承诺。作为“全球本土化”治理的象征，城市是接近公民的公共行为体，同时也是参与全球事务的行为体。因此，当民族国家无法或不愿达成共识并提供解决方案时，城市便有机会从底层影响国际政治。此外，通过拥抱城市外交和超越以国家为中心的传统全球治理模式，城市提供了一种创新的世界性民主。与虚幻的世界政府相比，这种民主更现实、更可行，并且以平等参与和民众问责等民主基本特征为基础。

对于城市外交而言，风险和机遇并存。考虑到城市的国际授权需要大量时间和资源，并且现有的规范性框架仍然严重制约着城市的国际行动，我们可以在此提出一些政策建议，目的是降低城市参与全球事务时的风险，并最大限度地增加它们的发展机遇。

● 更好的内部制度设计。建立一个明确的制度流程来设计、实施和监督“城市外交政策”——一个长期的、连贯的战略，以确定城市的国际角色（目的、行为体、工具、内容和合作伙伴）。应该专门成立一个“城市外交”办公室，配备专业、专职的公务员和外部顾问、智库，以及来自不同领域（如商业、教育和文化、民间社会等）的其他相关城市行为体的支持。

● 更好的社会意识。向社会传播城市的国际参与具有更多价值的认识。

● 更好地与国家政府协调。调整民间机构的结构，以便与国家外交部门保持长期联系。与其他各级政府（中央、地区和省）进行协调和合作，以避免机构竞争和重叠。

● 更好地与其他国际行为体协调。寻求与国际组织、跨国公司、国际非政府组织、全球媒体广播、智库等加强合作。

● 更好地与其他城市协调。以城市网络的形式参与到双边和多边，特别是多边倡议中。

正如大卫·米勒（多伦多市前市长，2003—2010年在任）所说：“城市是变化最快的地方，我们必须抓住时机，让这种变化重大而持久。”城市拥有机会，机会属于城市。

参考文献

[1] Abu-Lughod，J. L. （1989）. *Before European Hegemony：The World System，AD 1250—1350*. Oxford：Oxford University Press.

[2] Acuto，M. （2010）. Global Cities：Gorillas in Our Midst. *Alternatives*，35 （4），425 - 448.

[3] Acuto，M. （2013a）. *Global Cities，Governance and Diplomacy：The Urban Link*. London：Routledge.

[4] Acuto，M. （2013b）. World Politics by Other Means? London，City Diplomacy and the Olympics. *The Hague Journal of Diplomacy*，8 （3 - 4），287 - 311.

[5] Acuto，M.，Morissette，M. & Tsouros，A. （2017）. City Diplomacy：Towards More Strategic Networking? Learning with WHO Healthy Cities. *Global Policy*，8 （1），14 - 22. doi：10. 1111/1758 - 5899. 12382.

[6] Acuto，M. & Rayner，S. （2016）. City Networks：Breaking Gridlocks or Forging （New） Lock-ins? *International Affairs*，92 （5），1147 - 1166. doi：10. 1111/1468 - 2346. 12700.

[7] Aldecoa, F. & Keating, M. (1999). Paradiplomacy in Action: The Foreign Relations of Subnational Governments. In Loughlin, J. (Ed.). *Cass Series in Regional and Federal Studies*. London: Routledge.

[8] Alemanno, A. (2014). *Stakeholder Engagement in Regulatory Policy*. Paris: OECD (GOV/RPC (2014) 14/ANN2).

[9] Alger, C. F. (1990). The World Relations of Cities: Closing the Gap Between Social Science Paradigms and Everyday Human Experience. *International Studies Quarterly*, 34 (4), 493 - 518. doi: 10. 2307/2600609.

[10] Alger, C. F. (2010). Expanding Governmental Diversity in Global Governance: Parliamentarians of States and Local Governments. *Global Governance*, 16 (1), 59 - 79. Retrieved from www. jstor. org/stable/27800789.

[11] Alger, C. F. (2014). *The UN System and Cities in Global Governance*. London: Springer.

[12] Amen, M. (2011). *Cities and Global Governance: New Sites for International Relations*. Farnham: Ashgate.

[13] Amen, M., Toly, N. J., McCarney, P. L., et al. (Eds.) (2011). *Cities and Global Governance*. Farnham: Ashgate.

[14] Amiri, S. & Sevin, E. (Eds.) (2020). *City Diploma-*

cy: *Current Trends and Future Prospects*. London: Palgrave.

[15] Andranovich, G., Burbank, M. J. & Heying, C. H. (2001). Olympic Cities: Lessons Learned From Mega-Event Politics. *Journal of Urban Affairs*, 23 (2), 113 - 131. doi: 10.1111/0735 - 2166.00079.

[16] Anheier, H. & Katz, H. (2005). Network Approach to Global Civil Society. In Anheier, H., Glasius, M. & Kaldor, M. (Eds.). *Global Civil Society Yearbook*, 2004/5 (pp. 206 - 221). London: Sage.

[17] Ashworth, G. J. (1991). *War and the City*. London/New York: Routledge.

[18] Austin, J. E. (2000). *The Collaboration Challenge*: *How Nonprofit and Business Succeed Through Strategic Alliances*. San Francisco: Jossey-Bass Publishers.

[19] Avant, D. D., Finnemore, M. & Sell, S. K. (Eds.) (2010). *Who Governs the Globe*? . Cambridge: Cambridge University Press.

[20] Bansard, J. S., Pattberg, P. H. & Widerberg, O. (2017). Cities to the Rescue? Assessing the Performance of Transnational Municipal Networks in Global Climate Governance. *International Environmental Agreements*: *Politics*, *Law and Economics*, 17

(2), 229 - 246. doi: 10.1007/s10784 - 016 - 9318 - 9.

[21] Barber, B. (2013). *If Mayors Ruled the World: Dysfunctional Nations, Rising Cities*. New Haven, Conn.: Yale University Press.

[22] Baycan-Levent, T., Gülümser Akgün, A. A. & Kundak, S. (2010). Success Conditions for Urban Networks: Eurocities and Sister Cities. *European Planning Studies*, 18 (8), 1187 - 1206. doi: 10.1080/09654311003791259.

[23] Beall, J. & Adam, D. (2017). *Cities, Prosperity and Influence: The Role of City Diplomacy in Shaping Soft Power in the 21st Century*. London: British Council.

[24] Beaverstock, J. V., Smith, R. G. & Taylor, P. J. (2000). World-City Network: A New Metageography? . *Annals of the Association of American Geographers*, 90 (1), 123 - 134. doi: 10.1111/0004 - 5608.00188.

[25] Belfanti, C. M. (2019). *Storia Culturale del Made in Italy*. Bologna: Il Mulino.

[26] Bendel, P. & Stürner, J. (2019). The Two-Way "Glocalisation" of Human Rights or How Cities Become International Agents in Migration Governance. *Peace, Human Rights, Governance*, 3 (2), 215 - 240.

[27] Betsill, M. M. (2006). Transnational Actors in International

Environmental Politics. In Betsill, M. M., Hochstetler, K. & Stevis, D. (Eds.). *Palgrave Advances in International Environmental Politics* (pp. 172 - 202). Basingstoke: Palgrave.

[28] Betsill, M. M. & Bulkeley, H. (2004). Transnational Networks and Global Environmental Governance: The Cities for Climate Protection Program. *International Studies Quarterly*, 48 (2), 471 - 493. Retrieved from www. jstor. org/stable/3693583.

[29] Björkdahl, A. (2013). Urban Peacebuilding. *Peacebuilding*, 1 (2), 207 - 221. doi: 10. 1080/21647259. 2013. 783254.

[30] Blank, Y. (2006). The City and the World. *Columbia Journal of Transnational Law*, 44 (3), 868 - 931.

[31] Boerzel, T. A. & Risse, T. (2007). Public-Private Partnerships: Effective and Legitimate Tools of International Governance. In Grande, E. & Pauly, L. W. (Eds.). *Complex Sovereignty: On the Reconstruction of Political Authority in the 21st Century* (pp. 195 - 216). Toronto: University of Toronto Press.

[32] Bontenbal, M. & van Lindert, P. (2006). Decentralized International Cooperation: North-South Municipal Partnerships. In van Lindert, P., de Jong, A., Nijenhuis, G., et al. (Eds.). *Development Matters: Geographical Studies on Development*

Processes and Policies (pp. 301 - 314). Utrecht: Utrecht University.

[33] Borja, J. & Castells, M. (1997). *Local and Global: The Management of Cities in the Information Age*. London: Earthscan Publications.

[34] Bouteligier, S. (2012). *Cities, Networks, and Global Environmental Governance: Space of Innovation, Place of Leadership*. London: Routledge.

[35] Brinkerhoff, J. M. (2002a). Assessing and Improving Partnership Relationships and Outcomes: A Proposed Framework. *Evaluation and Program Planning*, 25 (3), 215 - 231.

[36] Brinkerhoff, J. M. (2002b). *Partnership for International Development: Rhetoric or Results?*. Boulder, CO: Lynne Rienner.

[37] Brookings Institution (2018). *Global Metro Monitor 2018*.

[38] Bulkeley, H. & Schroeder, H. (2009). Global Cities and the Governance of Climate Change: What Is the Role of Law in Cities? *Fordham Urban Law Journal*, 26 (2), 313 - 359.

[39] Busby, J. W. (2007). Bono Made Jesse Helms Cry: Jubilee 200, Debt Relief, and Moral Action in International Politics. *International Studies Quarterly*, 51 (2), 247 - 275.

[40] Bush, G. W. (2002). *The National Security Strategy of*

the United States of America. Washington D. C. : The White House.

[41] Caporaso, J. (1993). International Relations Theory and Multilateralism: The Search for Foundations. In Ruggie, J. G. (Ed.). *Multilateralism Matters: The Theory and Praxis of an Institutional Form* (pp. 51 – 90). New York: Columbia University Press.

[42] Castán Broto, V. (2017). Urban Governance and the Politics of Climate Change. *World Development*, 93, 1 – 15. doi: https://doi.org/10.1016/j.worlddev.2016.12.031.

[43] Castells, M. (1989). *The Rise of the Network Society*. Oxford: Blackwell.

[44] Cerny, P. G. (2010). *Rethinking World Politics: A Theory of Transnational Neopluralism*. Oxford: Oxford University Press.

[45] Chan, D. K.-h. (2016). City Diplomacy and "glocal" Governance: Revitalizing Cosmopolitan Democracy. *Innovation: The European Journal of Social Science Research*, 29 (2), 134 – 160. doi: 10.1080/13511610.2016.1157684.

[46] Clarkson, M. B. E. (1994). *A Risk Based Model of Stakeholder Theory*. Paper presented at the Proceedings of the Second Toronto Conference on Stakeholder Theory, Cen-

tre for Corporate Social Performance & Ethics, University of Toronto.

[47] Cochrane, A., Peck, J. & Tickell, A. (1996). Manchester Plays Games: Exploring the Local Politics of Globalization. *Urban Studies*, 33 (8), 1319 - 1336.

[48] Criekemans, D. (Ed.) (2010). *Regional Sub-state Diplomacy Today*. Amsterdam: Brill | Nijhoff.

[49] Curtis, S. (2014). *The Power of Cities in International Relations*. London: Routledge.

[50] Curtis, S. (2016). *Global Cities and Global Order*. Oxford: Oxford University Press.

[51] Czempiel, E. O. & Rosenau, J. N. (1992). *Governance Without Government: Order and Change in World Politics*. Cambridge: Cambridge University Press.

[52] Davutoğlu, A. (2020). *Civilisations and Cities*.

[53] de Villiers, J. C. (2009). Success Factors and the City-to-City Partnership Management Process: From Strategy to Alliance Capability. *Habitat International*, 33 (2), 149 - 156. doi: https://doi.org/10.1016/j.habitatint.2008.10.018.

[54] Della Porta, D. & Caiani, M. (2009). *Social Movements and Europeization*. Oxford: Oxford University Press.

[55] Della Porta, D. & Tarrow, S. (Eds.) (2005). *Trans-*

national Protest and Global Activism. Lanham, MD: Rowan and Littlefield.

[56] Department of Defense. (2012). *Sustaining US Global Leadership: Priorities for the 21st Century Defense*. Washington D.C.: Department of Defense, United States of America.

[57] Derudder, B., Hoyler, M., Taylor, P.J., et al. (Eds.) (2012). *International Handbook of Globalization and World Cities*. London: Edward Elgar.

[58] Desch, M. (2001). *Soldiers in Cities: Military Operations on Urban Terrain*. Carlisle, PA: Strategic Studies Institute.

[59] Diani, M. (2003). Networks and Social Movements: A Research Programme. In Diani, M. & McAdam, D. (Eds.). *Social Movements and Networks: Relational Approaches to Collective Action* (pp. 299 - 319). Oxford: Oxford University Press.

[60] Duchacek, I.D., Latouche, D. & Stevenson, G. (1988). *Perforated Sovereignties and International Relations: Trans-sovereign Contacts of Subnational Governments*. New York: Greenwood Press.

[61] European Commission. (2001). *European Governance: A*

White Paper. Brussels：COM（2001）428 final.

[62] Ferguson，Y. H.（2015）. Diversity in IR Theory：Pluralism as an Opportunity for Understanding Global Politics. *International Studies Perspectives*，16（1），3－12. doi：10. 1111/insp. 12092.

[63] Ferguson，Y. H. & Mansbach，R. W.（2008）. *A World of Polities：Essays on Global Politics*. New York：Routledge.

[64] Fisher，F.（1990）. *Technocracy and the Politics of Expertise*. London：Sage.

[65] Forcellese，T.（2013）. *L'Italia e i Giochi Olimpici. Un Secolo di Candidature：Politica，Istituzioni e Diplomazia Sportiva*. Milan：Franco Angeli.

[66] Freeman，R. E.（1984）. *Strategic Management：A Stakeholder Approach*. Boston：Pitman.

[67] Friedmann，J.（1986）. The World City Hypothesis. *Development and Change*，17（1），69－83. doi：10. 1111/j. 1467－7660. 1986. tb00231. x.

[68] Friedmann，J. & Wolff，G.（1982）. World City Formation：An Agenda for Research and Action. *International Journal of Urban and Regional Research*，6（3），309－344. doi：10. 1111/j. 1468－2427. 1982. tb00384. x.

[69] Gartung，J.（2000）. Local Authorities as Peace Factors/

Actors/Workers. *Journal of World-Systems Research*, 6 (3), 860 - 872. doi: 10. 5195/jwsr. 2000. 207.

[70] Giulianotti, R. (2015). The Beijing 2008 Olympics: Examining the Interrelations of China, Globalization, and Soft Power. *European Review*, 23 (2), 286 - 296. doi: 10. 1017/S1062798714000684.

[71] Gottmann, J. (1989). What Are Cities Becoming Centres of? Sorting out the Possibilities. In Knight, R. V. & Gappert, G. (Eds.). *Cities in a Global Society* (Vol. 35). Newbury Park: Sage.

[72] Graham, S. (2010). *Cities Under Siege: The New Military Urbanism*. London: Verso.

[73] Greenspan, A. (2010). The Crisis. *Brookings Papers on Economic Activity*, 41 (1), 201 - 261.

[74] Guidoni. (1992). *Le Città dal Medioevo al Rinascimento*. Roma: Laterza.

[75] Gutierrez-Camps, A. (2013). Local Efforts and Global Impacts: A City-Diplomacy Initiative on Decentralisation. *Perspectives*, 21 (2), 49 - 61. Retrieved from http: //www. jstor. org/stable/24624545.

[76] Haass, R. N. (2008). The Age of Nonpolarity: What Will Follow U. S. Dominance. *Foreign Affairs*, 87 (3),

44 - 56.

[77] Hafteck, P. (2003). An Introduction to Decentralized Co-operation: Definitions, Origins and Conceptual Mapping. *Public Administration and Development*, 23 (4), 333 - 345. doi: 10. 1002/pad. 286.

[78] Hale, T. & Held, D. (Eds.) (2011). *Handbook of Transnational Governance: Institutions and Innovations*. Cambridge: Polity.

[79] Hall, R. B. & Biersteker, T. J. (Eds.) (2002). *The Emergence of Private Authority in Global Governance*. New York: Cambridge University Press.

[80] Hamilton, K. & Langhorne, R. (2011). *The Practice of Diplomacy: Its Evolution, Theory and Administration*. London: Routledge.

[81] Heap, S. (1998). *NGOs and the Private Sector: Potential for Partnerships?* . Oxford: INTRAC.

[82] Held, D. (2002). Law of People, Law of States. *Legal Theory*, 8 (1), 1 - 44.

[83] Held, D. & McGrew, A. (Eds.) (2002). *Governing Globalization: Power, Authority and Global Governance*. Cambridge: Polity.

[84] Hemmati, M. (Ed.) (2002). *Multi-stakeholder Proces-*

ses for Governance and Sustainability: *Beyond Deadlock and Conflict*. London: Earthscan Publications.

[85] Higgott, R. A., Underhill, G. R. D. & Bieler, A. (Eds.) (2000). *Non-state Actors and Authority in the Global System*. New York: Routledge.

[86] Hill, K. A. & Hughes, J. E. (1998). *Cyberpolitics*: *Citizen Activism in the Age of the Internet*. Lanham, MD: Rowan and Littlefield.

[87] Hobbs, H. H. (1994). *City Hall Goes Abroad*: *The Foreign Policy of Local Politics*. Ann Arbor, MI: University of Michigan Press.

[88] Hocking, B. (1993). *Localizing Foreign Policy*: *Non-central Governments and Multilayered Diplomacy*. London: MacMillan.

[89] Hocking, B., Melissen, J., Riordan, S., et al. (2012). *Futures for Diplomacy*: *Integrative Diplomacy in the 21st Century*. Clingendael—Netherlands Institute of International Relations.

[90] Hulme, D. & Edwards, M. (Eds.) (1997). *NGOs*, *States and Donors*: *Too Close for Comfort*?. London: Macmillan.

[91] Huntington, S. P. (1993). Clash of Civilizations? *Foreign Affairs*, 72 (3), 22-49.

[92] Huntington, S. P. (1996). *The Clash of Civilizations*

and the Remaking of World Order. New York: Simon and Schuster.

[93] Ikenberry, G. J. (2011). *Liberal Leviathan: The Origins, Crisis, and Transformation of the American World Order*. Princeton, N. J.: Princeton University Press.

[94] Jacobs, J. (1969). *The Economy of Cities*. New York: Random House.

[95] Jayne, M., Hubbard, P. & Bell, D. (2011). Worlding a City: Twinning and Urban Theory. *City*, 15 (1), 25 - 41. doi: 10.1080/13604813.2010.511859.

[96] JLL Cities Research Center. (2015). *Globalisation and Competition: The New World of Cities*.

[97] Kagan, R. (1998). The Benevolent Empire. *Foreign Policy*, 111 (summer), 24 - 35.

[98] Kagan, R. (2012). *The World America Made*. New York: Knopf.

[99] Kant, I. (1795; reprinted 1991). Perpetual Peace: A Philosophical Sketch. In Reiss, H. (Ed.). *Kant's Political Writings* (pp. 93 - 130). Cambridge: Cambridge University Press.

[100] Kapoor, I. (2012). *Celebrity Humanitarianism: The Ideology of Global Charity*. London: Routledge.

[101] Kavaratzis, M. (2004). From City Marketing to City Branding: Towards a Theoretical Framework for Developing City Brands. *Place Branding*, 1 (1), 58 - 73. doi: 10.1057/palgrave.pb.5990005.

[102] Kavaratzis, M. & Ashworth, G. J. (2005). City Branding: An Effective Assertion of Identity or a Transitory Marketing Trick? *Tijdschrift Voor Economische en Sociale Geografie*, 96 (5), 506 - 514. doi: 10.1111/j.1467 - 9663.2005.00482.x.

[103] Keck, M. & Sikkink, K. (1998). *Activists Beyond Borders: Advocacy Networks in International Politics*. Ithaca, NY: Cornell University Press.

[104] Keohane, R. (1984). *After Hegemony: Cooperation and Discord in the World Political Economy*. Princeton, N. J.: Princeton University Press.

[105] Keohane, R. (1986). Reciprocity in International Relations. *International Organization*, 40 (1), 1 - 27.

[106] Keohane, R. & Nye, J. (1977). *Power and Interdependence*. Boston: Little, Brown.

[107] Keohane, R. & Nye, J. (Eds.) (1971). *Transnational Relations and World Politics*. Cambridge, MA: Harvard University Press.

[108] Khanna, P. (2008). *The Second World: How Emerging*

Powers Are Redefining Global Competition in the XXI Century. New York: Ramdon House.

[109] Khanna, P. (2011). *How to Run the World: Charting a Course to the Next Renaissance*. New York: Random House.

[110] Khanna, P. (2016). *Connectography: Mapping the Future of Global Civilization*. New York: Random House.

[111] Knox, P. & Taylor, P. (Eds.) (1995). *World Cities in a World-System*. Cambridge: Cambridge University Press.

[112] Koenig-Archibugi, M. & Zürn, M. (Eds.) (2006). *New Modes of Governance in the Global System: Exploring Publicness, Delegation and Inclusiveness*. Basingstoke: Palgrave Macmillan.

[113] Kotler, P., Haider, D. H. & Rein, I. (1993). *Marketing of Places*. New York: Free Press.

[114] Krasner, S. D. (1982). Structural Changes and Regime Consequences: Regimes as Intervening Variables. *International Organization*, 36 (2), 185 - 205.

[115] Krauthammer, C. (2003). The Unipolar Moment Revisited. *The National Interest*, 70, 5 - 17.

[116] La Porte, T. (2013). City Public Diplomacy in the European Union. In Cross, Mai'a K. D. & Melissen, J. (Eds.). *Eu-*

ropean Public Diplomacy: *Soft Power at Work* (pp. 85 –111). London: Palgrave.

[117] Laguerre, M. S. (2019). *Global City-Twinning in the Digital Age*. Ann Arbor, MI: University of Michigan Press.

[118] Le Galès, P. (2002). *European Cities*: *Social Conflicts and Governance*. New York: Oxford University Press.

[119] Lecours, A. (2002). Paradiplomacy: Reflections on the Foreign Policy and International Relations of Regions. *International Negotiation*, 7 (1), 91 – 114.

[120] Leffel, B. (2018). Animus of the Underling: Theorizing City Diplomacy in a World Society. *The Hague Journal of Diplomacy*, 13 (4), 502. doi: https: //doi. org/10. 1163/1871191X – 13040025.

[121] Ljungkvist, K. (2015). *The Global City 2.0*: *From Strategic Site to Global Actor*. New York: Routledge.

[122] Lofland, J. (1993). *Polite Protesters*: *The American Peace Movement of the 1980's*. Syracuse, NY: Syracuse University Press.

[123] Lucarelli, A. & Berg, P. O. (2011). City Branding: A State-of-the-Art Review of the Research Domain. *Journal of Place Management and Development*, 4 (1), 9 – 27. doi:

10.1108/17538331111117133.

[124] Lusk, K. & Gunke, N. (2018). *Cities Joining Ranks: Policy Networks on the Rise*. Boston: Initiative on Cities.

[125] Marchetti, R. (2008). *Global Democracy: For and Against: Ethical Theory, Institutional Design, and Social Struggles*. London/New York: Routledge.

[126] Marchetti, R. (2016a). *Global Strategic Engagement: States and Non-state Actors in Global Governance*. Lanham, MD: Lexington Books.

[127] Marchetti, R. (Ed.) (2016b). *Cooperation and Competition Between Governments and NGOs: Perspectives From Asia, Europe, Middle East and Africa*. New Delhi: Routledge.

[128] Marchetti, R. (Ed.) (2016c). *Partnership in International Policy Making: Civil Society and Public Institutions in Global and European Affairs*. London: Palgrave.

[129] Marchetti, R. & Pianta, M. (2012). Global Networks of Civil Society and the Politics of Change. In Ellersiek, A., Pianta, M. & Utting, P. (Eds.). *Global Justice Activism and Policy Reform in Europe: Understanding When Change Happens* (pp. 93 - 111). London: Rout-

ledge.

[130] Massey, D. (2007). *World City*. London: Polity.

[131] Mazzucchelli, M. (2011). *Pace e Diritti Umani nei Comuni, nelle Province e nelle Regioni: L'infrastruttura Normative e Istituzionale*. Padova: Cleup.

[132] McAdam, D., McCarthy, J. D. & Zald, M. N. (1996). *Comparative Perspectives on Social Movements: Political Opportunities, Mobilizing Structures, and Cultural Framings*. Cambridge: Cambridge University Press.

[133] McFarland, A. S. (2004). *Neopluralism: The Evolution of the Political Process Theory*. Lawrence: University of Kansas Press.

[134] Musch, A. (Ed.) (2008). *City Diplomacy: The Role of Local Governments in Conflict Prevention, Peace-Building, and Post-conflict Reconstruction*. The Hague: VNG International.

[135] Naìm, M. (2013). *The End of Power: From Boardrooms to Battlefields and Churches to States, Why Being in Charge Isn't What It Used to Be*. New York: Basic Books.

[136] Nelson, J. (2002). *Building Partnership: Cooperation Between the United Nations and the Private Sector*. New

York: United National Department of Public Information.

[137] Nelson, S. C. & Katzenstein, P. J. (2011). *Risk, Uncertainty, and the Financial Crisis of 2008*. Paper presented at the International Political Economy Society Meeting, University of Wisconsin-Madison.

[138] Nye, J. & Keohane, R. O. (1971). Transnational Relations and World Politics. *International Organization*, XXV (3), 329 - 349.

[139] Obama, B. (2007). Renewing American Leadership. *Foreign Affairs*, 86 (4), 2 - 16.

[140] Oomen, B., Davis, M. F. & Grigolo, M. (Eds.) (2016). *Global Urban Justice: The Rise of Human Rights Cities*. New York: Cambridge University Press.

[141] Oosterlynck, S., Beeckmans, L., Bassens, D., et al. (Eds.) (2018). *The City as a Global Political Actor*. London: Routledge.

[142] Orenstein, M. A. (2008). *Privatizing Pensions: The Transnational Campaign for Social Security Reform*. Princeton, N. J.: Princeton University Press.

[143] Pattberg, P. (2005). The Institutionalization of Private Governance: How Business and Nonprofit Organizations

Agree on Transnational Rules. *Governance: An International Journal of Policy, Administration, and Institutions*, 18 (4), 589 - 610.

[144] Pianta, M., Ellersiek, A. & Utting, P. (2012). How Can Activism Make Change Happen?. In Utting, P., Pianta, M. & Ellersiek A. (Eds.). *Global Justice Activism and Policy Reform in Europe* (pp. 297 - 322). London: Routledge.

[145] Pishchikova, K. (2014). Multi-stakeholder Partnership nella Ricostruzione Post-conflitto: Un Bilancio della Letteratura e della Prassi Attuale. In Belloni, R., Cereghini, M. & Strazzari, F. (Eds.). *Costruire la Pace tra Stato e Territorio: I Dilemmi del Peacebuilding* (pp. 165 - 180). Trento: Erickson.

[146] Powell, W. M. (1990). Neither Market nor Hierarchy: Network Forms of Organization. *Research in Organizational Behavior*, 12, 295 - 336.

[147] Price, M. & Benton-Short, L. (2008). *Migrants to the Metropolis: The Rise of Immigrant Gateway Cities*. Syracuse, NY: Syracuse University Press.

[148] Prichard, A. (2017). Collective Intentionality, Complex Pluralism and the Problem of Anarchy. *Journal of International Politi-*

cal Theory，13 (3)，360 - 377. doi：10.1177/1755088217715789.

[149] Putnam，R. D. (1988). Diplomacy and Domestic Politics：The Logic of Two-Level Games. *International Organization*，42，427 - 460.

[150] Reckien，D.，Salvia，M.，Heidrich，O.，et al. (2018). How Are Cities Planning to Respond to Climate Change? Assessment of Local Climate Plans From 885 Cities in the EU - 28. *Journal of Cleaner Production*，191，207 - 219. doi：https：//doi.org/10.1016/j.jclepro.2018.03.220.

[151] Reiman，K. D. (2006). A View From the Top：International Politics，Norms，and the Worldwide Growth of NGOs. *International Studies Quarterly*，50，45 - 67.

[152] Risse-Kappen，T. (1994). Ideas Do Not Float Freely：Transnational Coalitions，Domestic Structures，and the End of the Cold War. *International Organization*，48，185 - 214.

[153] Risse-Kappen，T. (Ed.) (1995). *Bringing Transnational Relations Back in：Non-state Actors，Domestic Structure and International Institutions*. Ithaca，NY：Cornell University Press.

[154] Risse，T. (2011). *Governance Without a State? Policies and Politics in Areas of Limited Statehood*. New York：

Columbia University Press.

[155] Rodrigues, T., Brancoli, F. & Amar, P. (2017). Global Cities, Global (in) Securities: An Introduction. *Contexto Internacional*, 39, 467 - 476. Retrieved from http://www.scielo.br/scielo.php?script=sci_arttext&pid=S0102-85292017000300467&nrm=iso.

[156] Rosenau, J. N. (1992). Citizenship in a Changing Global Order. In Rosenau, J. N. & Czempiel, E. O. (Eds.). *Governance Without Government: Order and Change in World Politics* (pp. 272 - 294). Cambridge: Cambridge University Press.

[157] Rosenau, J. N. (1997). *Along the Domestic-Foreign Frontier: Exploring Governance in a Turbulent World*. Cambridge: Cambridge University Press.

[158] Routledge, P. (2010). Introduction: Cities, Justice and Conflict. *Urban Studies*, 47 (6), 1165 - 1177. doi: 10.1177/0042098009360240.

[159] Ruggie, J. G. (1982). International Regimes, Transactions, and Change: Embedded Liberalism in the Postwar Economic Order. *International Organization*, 36 (2), 379 - 415.

[160] Ruggie, J. G. (1993). Multilateralism: The Anatomy of an

Institution. In Ruggie, J. G. (Ed.). *Multilateralism Matters: The Theory and Praxis of an Institutional Form* (pp. 3 – 47). New York: Columbia University Press.

[161] Sassen, S. (2000). *Cities in a World Economy* (2nd ed.). Thousand Oaks, Calif.: Pine Forge Press.

[162] Sassen, S. (2001). *The Global City: New York, London, Tokyo* (2nd ed.). Princeton, N. J.: Princeton University Press.

[163] Sassen, S. (2002). Global Cities and Diasporic Networks: Microsites in Global Civil Society. In Glasius, M., Kaldor, M. & Anheier, H. (Eds.). *Global Civil Society 2002* (pp. 217 – 238). Oxford: Oxford University Press.

[164] Sassen, S. (2004). Local Actors in Global Politics. *Current Sociology*, 52, 649 – 670.

[165] Schaferhoff, M., Campe, S. & Kaan, C. (2009). Transnational Public-Private Partnerships in International Relations: Making Sense of Concepts, Research Frameworks, and Results. *International Studies Review*, 11 (2), 451 – 474.

[166] Scholte, J. A. (2004). Civil Society and Democratically Accountable Global Governance. *Government and Opposition*, 39 (2), 211 – 233.

[167] Schulz, M. S. (1998). Collective Action Across Borders: Opportunity Structures, Network Capacities, and Communicative Praxis in the Age of Advanced Globalization. *Sociological Perspectives*, 41 (3), 587 - 616.

[168] Sell, S. & Prakash, A. (2004). Using Ideas Strategically: The Contest Between Business and NGO Networks in Intellectual Property Rights. *International Studies Quarterly*, 48, 143 - 175.

[169] Setzer, J. (2015). Testing the Boundaries of Subnational Diplomacy: The International Climate Action of Local and Regional Governments. *Transnational Environmental Law*, 4 (2), 319 - 337.

[170] Sharp, P. (2003). Making Sense of Citizen Diplomats: The People of Duluth, Minnesota, as International Actors. *International Studies Perspectives*, 2 (2), 131 - 150. doi: 10.1111/1528 - 3577.00045.

[171] Shoval, N. (2002). A New Phase in the Competition for the Olympic Gold: The London and New York Bids for the 2012 Games. *Journal of Urban Affairs*, 24 (5), 583 - 599. doi: 10.1111/1467 - 9906.00146.

[172] Shuman, M. H. (1986). Dateline Main Street: Local Foreign Policies. *Foreign Policy* (65), 154 - 174. doi:

10. 2307/1148845.

[173] Shuman, M. H. (1992). Dateline Main Street: Courts V. Local Foreign Policies. *Foreign Policy* (86), 158 - 177. doi: 10. 2307/1149195.

[174] Slaughter, A.-M. (2003). A Global Community of Courts. *Harvard International Law Journal*, 44, 191 - 220.

[175] Slaughter, A.-M. (2004). *A New World Order*. Princeton, N. J.: Princeton University Press.

[176] Smith, J. (2017). Responding to Globalization and Urban Conflict: Human Rights City Initiatives. *Studies in Social Justice*, 11 (2).

[177] Smith, J. & Wiest, D. (2012). *Social Movements in the World-System: The Politics of Crisis and Transformation*. New York: Russell Sage Foundation.

[178] Smith, N. P. (1988). Paradiplomacy Between the U. S. and Canadian Provinces: The Case of Acid Rain Memoranda of Understanding. *Journal of Borderlands Studies*, 3 (1), 13 -38. doi: 10. 1080/08865655. 1988. 9695350.

[179] Soldatos, P. (1990). An Explanatory Framework for the Study of Federal States as Foreign-Policy Actors. In Michelman, H. J. & Soldatos, P. (Eds.). *Federalism and International Relations: The Role of Subnational U-*

nits (pp. 34 - 53). Oxford: Clarendon Press.

[180] Sommerer, T. & Tallberg, J. (2017). Transnational Access to International Organizations 1950 - 2010: A New Data Set. *International Studies Perspectives*, *Advance Access*, 18 (3), 247 - 266.

[181] Stanley, B. (2003). City Wars or Cities of Peace: (Re) Integrating the Urban Into Conflict Resolution. *GaWC Research Bulletin*, 123. Retrieved from http: //www. lboro. ac. uk/gawc/rb/rb123. html.

[182] Stanley, B. (2005). Middle East City Networks and the "new urbanism" . *Cities*, 22 (3), 189 - 199. doi: https: //doi. org/10. 1016/j. cities. 2005. 03. 007.

[183] Tavares, R. (2016). *Paradiplomacy: Cities and States as Global Players*. New York: Oxford University Press.

[184] Taylor, P. J. (2004). *World City Network: A Global Urban Analysis*. London: Routledge.

[185] Taylor, P. J. (2012a). Historical City Networks. In Derudder, B. (Ed.). *International Handbook of Globalization and World Cities* (pp. 9 - 21). London: Edward Elgar.

[186] Taylor, P. J. (2012b). On City Cooperation and City Competition. In Derudder, B., Hoyler, M., Taylor,

P. J. , et al. (Eds.). *International Handbook of Globalization and World Cities* (pp. 64 - 72). London: Edward Elgar.

[187] Taylor, P. J. (2014). A Research Odyssey: From Interlocking Network Model to Extraordinary Cities. *Tijdschrift Voor Economische en Sociale Geografie*, 105 (4), 387 - 397. doi: 10. 1111/tesg. 12096.

[188] Taylor, P. J. , Ni, P. , Derudder, B. , et al. (2009). Measuring the World City Network: New Results and Developments. *GaWC Research Bulletin*, 300.

[189] Ted Hewitt, W. E. (1999). Cities Working Together to Improve Urban Services in Developing Areas: The Toronto-São Paulo Example. *Studies in Comparative International Development*, 34 (1), 27 - 44. doi: 10. 1007/BF02687603.

[190] Terruso, F. (2016). Complementing Traditional Diplomacy: Regional and Local Authorities Going International. *European View*, 15 (2), 325 - 334. doi: 10. 1007/s12290 - 016 - 0405 - 7.

[191] Tuirán Sarmiento, Á. A. (Ed.) (2016). *Acción Internacional de los Gobiernos Locales o Nuevas Formas de Diplomacia: Una Mirada a la Experiencia Latinoamericana*. Barranquilla: Editorial Universidad del Norte.

[192] United Cities and Local Governments. (2008). *The Hague Agenda on City Diplomacy*. The Hague: First World Conference on City Diplomacy, The Role of Local Governments in Conflict Prevention, Peace-Building and Post-conflict Reconstruction, organised by UCLG, the city of The Hague, and the Association of Netherlands Municipalities (VNG), in close collaboration with the province and city of Barcelona and the Italian Coordination of Local Authorities for Peace and Human Rights.

[193] United Nations. (2004). *We the Peoples: Civil Society, the United Nations and Global Governance* (A/58/817/2004). New York: Report of the Panel of Eminent Persons on United Nations-Civil Society Relations. Commission Cardoso (UN A/58/817).

[194] United Nations. (2018). *The World's Cities in 2018*. New York: Department of Economic and Social Affairs, Population Division. Data (ST/ESA/ SER. A/417).

[195] United Nations. (2019). *World Urbanization Prospects: The 2018 Revision*. New York: Department of Economic and Social Affairs, Population Division (ST/ESA/SER. A/420).

[196] United Nations Human Settlements Programme. (2011).

The Economic Role of Cities. New York：UN-HABITAT.

[197] Vaillancourt Rosenau，P.（Ed.）（2000）. *Public-Private Policy Partnerships*. Cambridge，MA：The MIT Press.

[198] Valdani，E. & Ancarani，F.（2000）. *Strategie di Marketing del Territorio*. Milan：Egea.

[199] Van Der Pluijm，R. & Melissen，J.（2007）. *City Diplomacy：The Expanding Role of Cities in International Politics*. The Hague：Netherlands Institute of International Relations，Clingendael.

[200] van Overbeek，F.（2007）. *City Diplomacy：The Roles and Challenges of the Peace-Building Equivalent of Decentralized Cooperation*. Utrecht：Universiteit Utrecht.

[201] Van Rooy，A.（2004）. *The Global Legitimacy Game：Civil Society，Globalization，and Protest*. Houndmills，Basingstoke：Palgrave.

[202] Viltard，Y.（2010）. Diplomatie des Villes：Collectivités Territoriales et Relations Internationales. *Politique Etrangère*，3，593－604.

[203] Warkentin，C.（2001）. *Reshaping World Politics：NGOs，the Internet and Global Civil Society*. Lanham，MD：

Rowan and Littlefield.

[204] Warner, M. & Sullivan, R. (Eds.) (2004). *Putting Partnerships to Work: Strategic Alliances for Development Between Government, the Private Sector and Civil Society*. Sheffield: Greenleaf.

[205] Willets, P. (2000). From "Consultative Arrangements" to "Partnership": The Changing Status of NGOs in Diplomacy at the UN. *Global Governance* (6), 191 - 212.

[206] Wiseman, G. (1999). "Polylateralism" and New Modes of Global Dialogue. *Contemporary Diplomacy* (pp. 36 - 57).

[207] Witte, J. M., Reinicke, W. & Benner, T. (2000). Beyond Multilateralism: Global Public Policy Networks. *Internationale Politik und Gesellschaft* (2), 176 - 188.

[208] Woods, N. (2000). Globalization and International Institutions. In Woods, N. (Ed.). *The Political Economy of Globalization* (pp. 202 - 223). New York: St. Martin's Press.

[209] Zheng, Y. N. (1994). Perforated Sovereignty: Provincial Dynamism and China's Foreign Trade. *The Pacific Review*, 7 (3), 309 - 321. doi: 10.1080/09512749408719100.

[210] Zürn, M. (2004). Global Governance and Legitimacy Problems. *Government and Opposition*, 39 (2), 260 - 287.

图书在版编目（CIP）数据

城市外交：从城邦到全球城市/（意）拉斐尔·马切蒂著；严展宇译. --北京：中国人民大学出版社，2024.3
ISBN 978-7-300-32398-5

Ⅰ.①城… Ⅱ.①拉… ②严… Ⅲ.①城市-外交-研究 Ⅳ.①D8

中国国家版本馆 CIP 数据核字（2023）第 254337 号

城市外交
从城邦到全球城市
[意] 拉斐尔·马切蒂 著
严展宇 译
Chengshi Waijiao

出版发行	中国人民大学出版社		
社　　址	北京中关村大街 31 号	**邮政编码**	100080
电　　话	010－62511242（总编室）		010－62511770（质管部）
	010－82501766（邮购部）		010－62514148（门市部）
	010－62515195（发行公司）		010－62515275（盗版举报）
网　　址	http://www.crup.com.cn		
经　　销	新华书店		
印　　刷	涿州市星河印刷有限公司		
开　　本	890 mm×1240 mm　1/32	**版　　次**	2024 年 3 月第 1 版
印　　张	5.75 插页 3	**印　　次**	2024 年 3 月第 1 次印刷
字　　数	113 000	**定　　价**	39.00 元